U0671180

# 共情销售

David Priemer

[加] 大卫·普瑞默_著 高晓仙_译

# SELL THE WAY
# YOU BUY

浙江人民出版社

图书在版编目（CIP）数据

共情销售 /（加）大卫·普瑞默著；高晓仙译 . --
杭州：浙江人民出版社，2023.12
ISBN 978-7-213-11267-6

Ⅰ．①共… Ⅱ．①大… ②高… Ⅲ．①销售—研究
Ⅳ．① F713.3

中国国家版本馆 CIP 数据核字（2023）第 230704 号

浙 江 省 版 权 局
著作权合同登记章
图字：11-2023-418 号

**共情销售**
GONGQING XIAOSHOU

［加］大卫·普瑞默　著　　高晓仙　译

| | | |
|---|---|---|
| 出版发行 | 浙江人民出版社（杭州市体育场路 347 号　邮编 310006） | |
| 责任编辑 | 祝含瑶 | |
| 责任校对 | 马　玉 | |
| 封面设计 | 王雪纯 | |
| 电脑制版 | 书情文化 | |
| 印　　刷 | 三河市中晟雅豪印务有限公司 | |
| 开　　本 | 880 毫米 × 1230 毫米　1/32 | |
| 印　　张 | 8.75 | |
| 字　　数 | 172 千字 | |
| 版　　次 | 2023 年 12 月第 1 版 | |
| 印　　次 | 2023 年 12 月第 1 次印刷 | |
| 书　　号 | ISBN 978-7-213-11267-6 | |
| 定　　价 | 59.80 元 | |

如发现印装质量问题，影响阅读，请与市场部联系调换。
质量投诉电话：010-82069336

**赞誉**

这本书不仅提供了一个将同理心带入客户旅程的新视角，而且以幽默和风趣的形式做到了这一点。大卫·普瑞默的作品具有很强的可读性，并且充满了有价值的见解，将行为和心理科学的经验教训应用于销售和购买过程。在一个我们都是销售人员的世界里，这是一本你不能缺少的书！

——丹尼尔·平克 《销售是人》作者

在买家越来越难接触到的时候，任何想要建立现代销售手册的人都应该读一读《共情销售》。大卫·普瑞默将决策科学和人类行为结合起来，对消费者的想法、感觉和行为有了更深入的了解。他所分享的战术是强大的，并且植根于同理心。在销售游戏中，同理心胜过其他一切。

——特里什·贝尔图齐 Bridge 集团首席执行官、

《销售发展手册》作者

购买和销售的世界正在迅速变化，只有那些准备好适应和改变的企业才能长期生存。在《共情销售》中，大卫·普瑞默穿透噪声，关注销售活动的核心部分——人与人的沟通。通过重新调整组织已经采用的销售策略，加上科学和同理心，普瑞默告诉你如何在更人性化的层面上与你的客户联系，跟上世界变化的步伐。

——马克思·阿尔特舒勒 "销售黑客"创始人和首席执行官、

Outreach.io 副总裁、《销售参与》作者

我们生活在一个随需应变的世界里，人们有无数的选择，竞争比以往任何时候都要激烈。在《共情销售》中，大卫·普瑞默阐述了如何适应人们的购买方式，以及今天人们期待的销售方式。这本书是希望提高团队水平的销售领导和提高自我水平的个人贡献者的必读之作。

——大卫·康塞尔 Drift 公司首席执行官、

哈佛商学院驻校企业家

大卫·普瑞默做足了功课！在这本经过深入研究、写得很好的书中，普瑞默将他多年来建立高绩效销售团队的经验与科学、同理心和商业思维的原则结合起来，形成了一种新的销售模式，一种更加人性化、将客户的体验置于销售过程核心的模式。普瑞默的策略将使你有能力帮助你的客户找到他们需要的解决方案，

并使你对自己的工作方式感到满意。

——马克·罗伯格　哈佛商学院高级讲师、

HubSpot 公司前首席执行官、《销售加速公式》作者

　　无论你是销售人员、企业领导还是企业家，在更人性化的层面上与你的客户建立联系从未像现在这样重要。但是，用信念和情感来沟通你的大想法，让客户公开他们的需求，并克服反对意见，这些都是很困难的！大卫·普瑞默带着这本引人入胜的书，从商业和人类行为科学的最新研究中汲取营养，带你进入现代买家的内心，并使用实际有效的现代战术与他们建立联系。

——多里·克拉克　营销战略顾问、主题演讲人、杜克大学富卡

商学院教授，《创业的你》《重塑你》《脱颖而出》作者

　　无论你是从事销售工作多年，还是刚刚起步，《共情销售》都将改变你处理客户关系的方式，使之变得更好。大卫·普瑞默的洞察力来自他多年来作为顶级销售领导和培训师的经验，结合心理学和行为科学的最新研究，不仅能帮助你完成更多的交易，还能让你找到一种更深入、更具同情心的方式，用真正有效的策略与你的买家建立联系。任何从事销售的人都必须阅读！

——丹·马特尔　企业家、SaaS 教练和天使投资人

　　《共情销售》是一部杰作。本书具有吸引力、教育性和实用

性，是任何关心销售成功的人的必读之作。

——吉姆·汉密尔顿　皇后大学史密斯商学院销售管理

专业杰出教师、研究员

在过去的几年里，我们通过分析数以千计的销售互动所积累的数据，发现了一些令人惊讶的趋势和模式，这些趋势和模式围绕着表现出色的销售人员所使用的策略。在《共情销售》一书中，大卫·普瑞默打破了这些发挥作用的策略背后的科学原理，为新的和有经验的销售者创造了一个强大的、易于遵循的蓝图，以便与现代买家建立联系。对于任何希望将数据验证的方法注入其销售活动的人来说，这本书非常有参考价值。

——克里斯·奥洛布　Gong.io 销售总监

献给我的妻子，你是我的依靠和阳光。从科学实验室到销售部门，再到创业初期的那些年，感谢你对我坚定不移的信任、情感上的支持和爱的呵护。有你，一切真的成为可能。

献给我的女儿们，从你们那里我学到了很多有关销售的知识。永远不要丢掉你们的志向和好奇心。永远记住，生活中最实用的技能是学会如何学习。

献给我的父母亲，你们一直鼓励我不断学习，追逐梦想。你们可能永远不会理解我到底是以何为生，但你们总是面带笑容地支持我，从不怀疑这场探索之旅所能实现的伟大梦想。

# 目录

CONTENTS

## 01 第一章
## 缘起

# 02

**第二章**

## 如何吸引客户注意力

# 03

**第三章**

## 走入客户内心

# 04 第四章
## 购买体验和感受

# 05 第五章
## 高能推广

# 06

### 第六章

## 用心调研

# 07

**第七章**

**异议处理**

**第八章**

**终章**

# 08

# 第一章

1

缘起

## 教条主义的悖论

　　我小时候最喜欢的电影之一是 1984 年的经典之作《龙威小子》，后来衍生出许多续集、翻拍和油管（YouTube）原创系列影片。电影中，拉尔夫·马奇奥饰演的丹尼尔·拉鲁索是一名黑发意大利裔少年，他和单亲妈妈从新泽西州搬到加州的黄金海岸，开始了新生活，但丹尼尔很难适应，很快就成为当地空手道学校几个孩子的欺凌对象。在一场激烈的打斗中，丹尼尔结识了森田则之饰演的日本老人宫城先生，并与之成为朋友。温和、睿智、善解人意的宫城先生将丹尼尔收入门下。为了让丹尼尔重拾信心，宫城先生教授丹尼尔一种老式空手道，同时教授他人生的哲理。

　　宫城先生的教学理念与学校老师约翰·克瑞斯的截然相反。克瑞斯是越南战争期间美国陆军特种部队的一名上尉。他对武术的态度粗暴，看重教条式的纪律和竞争，对对手毫不留情。宫城先生则看重克制、练习和谨慎。

电影的最后一幕，是一场高风险空手道锦标赛的冠军争夺赛，丹尼尔与克瑞斯的得意门生兼帮派头目约翰尼·劳伦斯对战。丹尼尔的腿被劳伦斯一记犯规的扫堂腿致伤，处于劣势的丹尼尔奋起反击，用他出名的"仙鹤飞踢"拿下了最后一分，击败了对手。接下来的一幕颇具启发意义。在随后的庆祝活动中，约翰尼从裁判手中夺过冠军奖杯，奋力穿过围着丹尼尔的人群，冲向丹尼尔。约翰尼稍作冷静，眼含泪水地将奖杯递过去，并说："你很出色，拉鲁索。"约翰尼此举不仅是尊重的流露，更是一种觉醒。

虽然约翰尼和他的眼镜蛇派同伴被描绘成电影中的反派无赖，但他们并不总是坏孩子。就像许多追随专制领导的人一样，他们只是受他们老师的思维方式、方法和技巧的影响，无法辨别对错，钦佩那些人的经验和观点。毕竟，空手道没有国际许可机构，也没有一套普遍接受的练习标准。然而，与丹尼尔有过几次交手后，约翰尼他们开始慢慢欣赏宫城先生的战术，意识到还有另一条路可选择，一条无须违背人性的路。

销售人员每天都发现他们身处同样的道德和实施两难的困境中，他们认为使用的策略已经过时、无效，还与个人理念背道而驰。例如，最近我收到一位销售代表发来的信息，销售的言辞不经考虑，毫无价值，还要求占用我 15 分钟的时间用以交流。大家都让我别理睬他，但我向他提供了帮助。我质疑他方法的有效性，并给出了吸引像我这样潜在客户的新方法。他的反应令人惊讶，立即丢掉销售的托词，写道："哇，我一直通过学习来提高自己，您说的正合我意！我刚才用的脚本是我们经理写的，如果他看到我准备在电脑上输入的内容，可能会对我大喊大叫。若能和您见面那就太好了，与您的交流会更有价值！"

　　为什么许多销售仍在使用陈旧过时的策略呢？促使人们购买的潜意识和隐藏力量是什么？新时代的销售如何用先进策略武装自己，与新时代的客户建立联系？这正是我们将要在本书中探讨的内容。

## 共情顿悟

　　2016 年 1 月是销售的超级盛事月，当时正值我所在的公司赛富时 ① 财政年度的最后一个月。那时候赛富时是一个市值 67 亿

---

① 英文名 Salesforce，是一家客户关系管理软件服务提供商，成立于 1999 年 3 月，总部设于美国旧金山。——译者注

美元的软件巨头，有数千名销售代表，有健康稳定的行业领先产品，收入同比增长 24%。我负责美国东部小企业部门的销售工作，率领的团队由分布在三个城市的 70 名年轻、聪明、热情的销售代表组成。对团队中的许多人来说，这是第一次在这样的环境下销售。虽有趣，但激烈；神经绷得很紧，但也锤炼了意志。我知道这种挑战多年后会成为他们的谈资，个中细节和情感会被英勇地修饰一番，就像过山车，让人心潮澎湃又不可预测，也像是把客户、销售员以及领导一同扔进有限时目标的熔炉一样。当然，每个人（包括我）都紧盯着不可能完成的年终任务。

迄今为止，我的代表们销售业绩一直很出色，他们几乎稳拿公司的年度夏威夷之旅。不过，还有许多人想在最后几天成交几笔完成任务。我的工作是让团队保持冷静、全神贯注，让公司每个人不屈不挠地向着同一目标前进。

"快打电话！快打电话！"这是销售部门常听到的话。"如果你在年底快马加鞭，就还有机会打破你的销售纪录！""尽情发挥吧！""别到 2 月 1 日了再后悔！"你知道吗，这些说辞像运动场上的口号一样奇怪，虽陈旧，但管用！销售员的执行力强、行动速度快，他们能快速通过各种渠道与客户取得联系，尽可能地抓住每一个增加收入的机会。月末将临，销售人员马不停蹄地工作，增加的收益超出了我们任何人的预期。我们亲切地将这种现象称为"一月魔术"。它将销售代表变成了超级英雄，这是一种值得拥有的体验。

但问题来了。

事实证明，我们销售部门发生的事，在其他公司也同样存在。这意味着，在我与我的团队正忙于不可持续的推销活动，推行高频率推广策略时，我自己同时收到了其他销售人员类似的推销！毕竟，我曾是一家大型 B2B[①] 技术公司的销售副总裁，我们公司是各种商业产品的主要对象。

我的电话每天都响个不停，销售代表和招聘人员都要卖东西给我。他们一个比一个擅长推销，有卖点，有价值主张。我的电子邮箱和领英（LinkedIn）账户也堆积着各种各样的推销信息。

但是我很难动心。

我不会接电话，除非是同事用内部号码或者是公司外我认识的人给我打电话。在家里也一样，我从不回复冷冰冰的电子邮件或社交邀请，这些邮件显然想突破我的防御，然后进行诱人的推销。我变成了一座坚不可摧的堡垒，不受潜在销售的影响。

就在那时，我顿悟了。

我率领着一个优秀的销售团队向目标迈进，向跟我差不多一样的客户推销，用尽各种策略来达到我的目标。然而，不管我是

---

① 是指企业与企业间通过专用网络，进行数据信息的交换、传递并且开展交易活动的商业模式。——译者注

不是专业的销售领导，我所使用的方法虽合乎道德、合乎情理，还有点效果，但对我永远都不管用！

我没有用我买进的方式卖出。


## 问道之旅


别误会。我并不是说我的销售代表用了卑鄙、阴险或任何不当的策略，我也不推荐使用那些绝对无效的策略。我坚信，勤奋和坚持的基本策略对说服客户和超额完成任务大有帮助。多年来，我收集并分析的数千条数据清晰地表明，销售代表电话打得越多、电子邮件发得越勤，拿到的奖励就越高。我的那些上级领导聪明、有才华、善解人意，从不命令或强迫我们做事，让人非常敬重。相反，我的顿悟心态是由一个缺少的要素引发的：总想质疑，想问"为什么"。

那我为什么要推广连在自己身上都不起作用的策略呢？

我是否将自己的想法强加到客户身上？我是否想过，如果这种策略对我不管用，那么对他们是不是也不管用？毕竟，从缅因州到佛罗里达州的海岸线到处都有我的客户。精明的纽约人对销售策略的反应肯定与南方人不同。

　　我是否暗自希望，我的销售代表能想出聪明、优雅或成熟的方式来执行我的策略？一些不成熟的销售员，多年来拿着过时的手册按图索骥，我的这些策略的形成或许受到他们的影响。

　　也许我的销售代表有不同的想法。

　　又或许，这些策略对我不管用，但对其他人的确有效果。这么多的销售代表有成千上万的客户要拜访，为什么不玩数字游戏，让策略发挥作用呢？毕竟，即使是以客户为中心、最卓越的销售策略，也不见得一直有效。

　　我尽力去调节以上种种矛盾。同时，脑海中不断涌现的问题激发了新的销售理念。

　　为什么有些策略在某些情况下有效，而有些则不行？

　　为什么有些客户对这些策略的反应与其他客户不同？

　　为什么有些销售代表用这些策略取得了成功，而有些则举步维艰？

　　正如我开始意识到的那样，成功销售并不是去贯彻实施一个久经考验的指导手册，也不能相信任何策略总是有效。关键在于好奇心，关键是问"为什么"，并借助问题的答案不断激发出更好的方法。一种基于人类行为研究的方法，一种换位思考的方法，一种能彰显策略又与策略本身同等重要的方法。

　　其实，这是一种协调科学、共情和执行力的核心原理的方法。

# 新时代销售概览

现代互联网和相关技术为客户提供了前所未有的信息和选择。现代技术越来越亲民，第三方服务商越来越便捷，市场产品也呈几何倍数增长。仅在营销技术领域，过去 7 年供应商数量增加了 40 多倍，从 2011 年的 150 家增加到 2019 年的 7040 家。大量的机遇伴随着海量的产品。从社交媒体到同行评议网站，再到分析师和供应商自己，不乏可供客户利用的见解和观点。但这些情况也让客户的行为在过去 20 年里发生了巨大变化。

销售员，无论好坏，都曾是客户获取信息的首要来源。你要购买音响系统或二手车，可能不喜欢与那种狡猾的销售人员打交道，但通常你没有太多选择。如今，客户可以获取信息的渠道很多，一旦觉得与缺乏经验的销售员打交道的体验不好，自鸣得意的销售员就会被淘汰了。现在的客户不愿接电话，不愿回复电子邮件，也不喜欢华而不实、自私自利的宣传，变得比以往任何时候都更有权威、更多疑，也更容易受同伴影响。他们很不喜欢传统的销售策略，所以与他们建立联系比以往任何时候都困难。

据佛瑞斯特研究公司[①] 的调查，60% 的客户不喜欢将销售代

---

① 英文名 Forrester，全球最具影响力的独立研究咨询公司之一。——译者注

表作为信息的主要来源；68% 的人更喜欢自己上网研究；62% 的
受访者表示，他们现在仅参照数据就能形成自己的选择标准，或
者确定供应商名单。但是，你若认为掌握了这些信息就会使购买
过程变得容易，那就错了！

顾能公司 ① 报告称，现在 65% 的客户购买产品，准备与销售
代表沟通的时间和预期时间一样多。通过对 600 多名 B2B 客户
进行调查发现，信息泛滥导致购买的便捷性下降了 18%，而后悔
购买的概率增加了 50%。简而言之，信息爆炸的时代，客户正
花更多的时间做错误的决定。同样，销售这边的情况也好不到哪
里去。

根据 CSO Insights 公司 ② 发布的《2018—2019 年销售业绩报
告》，销售主管在分析了销售人员经常参与的 16 种不同活动（从
调研、优化到交叉销售 / 促销）后，认为他们的团队 16 项中有
15 项效率比 5 年前低。果然，从 2011 年到 2018 年，获得全部配
额的销售代表人数平均下降了 14%。在新时代市场中，客户的行
为和期望变得比以往更复杂，销售人员对如何转化更多的顾客感
到困惑。

糟糕的是，大多数销售员面对不确定性和混乱时，会重新
捡起那些陈旧、过时的策略——这些方法仅基于历史、重复和

① 英文名 Gartner，成立于 1979 年，是第一家从事信息技术研究和分析的公司，
为有需要的技术用户提供专门的服务。——译者注
② Miller Heiman Group 旗下的全资子公司。——译者注

陈旧的数据，对客户几乎没有同理心。我将其称为"教条主义"战术。

"你真的喜欢和销售人员交谈吗？"

如果你想让满屋子的专业销售员感到尴尬，那就问他们这个问题。其实，我在培训课上和演讲时经常这样做。理解人们的这种感觉很容易。丹·平克在他的畅销书《源自人性的销售力》中做了一项调查，他要求被访者说出听到"销售"或"出售"时想到的第一个词。调查共得到 25 个词语，其中 80% 含贬义。

这种一边倒的情感态度反映了许多人多年来都有着与销售员不愉快的经历，其主要原因是销售员自私自利、乐于操纵，而且几乎没有提供任何有价值的东西。他们的冒犯性策略令我们反感，但大多数被印上"坏人"标签的销售人员实际上并不坏。他们有朋友、有亲人，他们下班后锻炼身体，享受美食，存钱去度假，尽力做个好父母，与普通人无异。

那么，为什么有些销售员为了完成任务拿起电话、推销产品或协商一份合同时，突然变得不一样了呢？绝大多数销售员也承认他们不喜欢与同行交流，那为什么多数销售员不去改变自己，采用自己喜欢的方式呢？换句话说，为什么他们不以买东西的方式去卖东西呢？

答案可能比你想象中的要简单：他们没有停下来思考过这些问题。

我们生活在知识和信息大爆炸的黄金时代。这些前所未有的信息获取渠道，无论是书籍、博客还是播客，都让客户既感到信心十足，又感到茫然无助；这也宠坏了销售人员，他们用尽这些渠道来吸引客户。只需打开你的网络浏览器，就可以访问无穷无尽的资源。从分析一天中发送电子邮件的最佳时间，到最高点击率的话题，再到关于电话推销是否消亡的激烈辩论，不乏可供遵循的销售方案。实际上，销售人员几乎可以靠这些四平八稳的方法维持生计，无须动脑。

但还有一个问题。这些略显尴尬的策略催生了一批新型销售人员，他们用尽各种销售策略，但压根儿不清楚为什么有些有效，有些无效。我称这些人为"无脑销售员"。正是这些无意识的销售员，用教条主义的粗鲁策略造成了大众对该行业普遍的负面情绪。

## 无意识销售的崛起

1999 年，轰动一时的科幻巨制《黑客帝国》描绘了一幅反乌托邦的未来景象，基努·里维斯扮演的电脑黑客尼奥生活在现代社会的虚拟世界中。逼真的虚拟环境让尼奥他们压根儿没有意识到自己正参与一项不为人知的人工智能阴谋——机器人意图统治人类。直到遇到人类反抗组织领导墨菲斯，尼奥才得知真相，也知道了自己的使命是拯救人类。

这也让尼奥踏上了寻找真相的旅程。刚开始，他意识到自己的真实处境是由计算机程序控制的矩阵；后来，他逐渐适应了矩阵规则，并且学会了如何利用这些规则；最终，他利用新知识潜入邪恶的矩阵并将其摧毁。

尼奥的旅程在很多方面与当今许多销售员的经历别无二致。譬如，当销售员听到客户说"我喜欢你的产品，但太贵了"，那销售员该怎么办？有些人也许会用官方说辞来辩护产品的价值，或喋喋不休地吐出一长串预先准备好的反驳之词。聪明点的销售员会认真斟酌一番，在找到最佳解决办法之前，先通过提问了解客户的需求与情感定位。

当今的销售员身处一个由制度、规则和历史习惯交织而成的复杂购物环境中。我们每拿起一件产品，每处理一条异议，或每协商一份合同，都要在特定的环境中调用一切元素，诸如声调、逻辑、媒介、缘由、信念、共情、情感和经验等。在销售活动中，桌子对面的客户也依据我们所使用的独特元素间的结合予以回应，表达他们自己的想法。

假设你正试图安抚一位愤怒的客户，他认为你所售产品的性能被过度吹嘘。像"我想我们很清楚这一点了"这句话，在电子邮件中就很容易让人联想到僵硬严厉的语气，而用同情的语调和

负责的态度当面交流,效果则完全不同。同样的话当面用不同的
语调表达出来,会传递截然不同的感受。


# 绝不问客户的问题


即便是看似普通且无恶意的行为,也会产生不可预料的后
果。比方说,许多销售员在陈述一通或解释一番后,要确认客户
是否理解,会说"明白了吗",又如"我们知道许多客户都有消
费限制,这就是为什么我们要提供按月或按季度的支付条款,用
来配合给顾客开账单的方式。明白了吗",或者是"客户喜欢我
们的产品,原因之一就是我们的三层安全防护算法能够在你的网
络遭到威胁之前主动识别,明白了吗"。

这种确认性的表达看似没有敌意,但许多人听到这句话后感
觉怪怪的,甚至会反感(我就是这样的人)。因为这句话在潜意
识里有两种消极的解读。第一,它被看作对客户智商的侮辱——
明白了吗?我不确定你有多聪明才问你,这个概念无论在我看来
多么直观易懂,我都担心你那弱小的大脑无法理解;第二,它可
能暗示销售员不擅长解释——明白了吗?我问是因为我不擅长解
释新事物,我的话经常会让人误解或困惑。我只是想确定我没让

你困惑。

优秀的销售员明白，只有认真研究这些方法及其复杂的因果关系，才能在这个不断发展的领域中脱颖而出。换句话说，他们可以通过预测障碍和识别机会来帮助那些悍然不顾传统观念的客户，以此熟练地在销售"矩阵"中穿梭。虽然不是所有的元素都是已知或可见的（毕竟，我们谈论的是销售），但他们的胜算肯定比大多数人高。

可惜这个级别的销售还是很少见。从我们的调研策略到产品的推销，再到"收尾"的方式，大多数销售员习惯用特定的方式处理事情。我们常墨守成规，不愿利用现代科学和共情。也就是说，作为现代销售员的我们常常发现，各种元素的独特结合以意想不到的方式发挥着作用，通常这会导致机会停滞、客户流失，甚至丢掉买卖。

此时我们要么对周遭置之不理，要么正如墨菲斯所说："潜入兔子洞，看看黑客帝国能走多远。"

## 寻求理解

我在赛富时公司时，有一次接到了一位气急败坏的客户的电话。她希望投资客户关系管理（CRM）项目，并在近期和我的一位销售代表通过电话。"你们的销售员刚刚让我走，去买微软的产品！"她大喊，"什么样的销售员会那样说？你们不想跟我做生意了吗？"我努力缓和局势，之后得知，她在和销售代表的对话中暗示她在同时考虑赛富时和微软的产品。她告诉那位销售代表，她喜欢赛富时的产品，但微软的产品要便宜得多。这位销售代表则回应道："好吧，那你为什么不去购买微软的产品呢？"我立刻明白发生了什么。

这位销售代表用的是标准的逆向心理策略，这是一种科学的策略，还是我们教他的。前提是：如果客户倾向于有竞争力的产品，销售员可以通过追问客户来判断威胁是真实存在，还是客户仅仅想拿到一个更便宜的价格。其实就是一种虚张声势的做法。问题在于，追问的语气和方式会严重影响客户对这种态度的理解。

假设客户在可以满足他们需求的两种产品之间徘徊。产品 A 或许更适合他们，但是价格比产品 B 贵。在与销售员交流产品 A 的对话中，客户说："我喜欢你们的产品，但是比产品 B 贵太多了。"对此，有很多种回应方式，但是假设销售员想用逆向心理策略试探客户的决心，他们可能会回击一句："好吧，那你为什么不去购买产品 B 呢？"或者，他们会深思熟虑地回答："确实，我们的产品 A 的成本要比产品 B 高，而且产品 B 也非常适合许多客户。当然，我们的产品并不适合所有人。如果你不介意，我想问你为什么不购买产品 B？"

第一种表达方式语气生硬有敌意，会激怒客户。第二种表达方式令人愉快，让人好奇，还给人一种被关怀的感觉，这更符合我们领导团队所倡导的回应方式。那么，在前面的案例中，为什么我的销售员要采用第一种更具冒犯性的策略呢？销售员有评估过它的风险吗？他只是以牙还牙模仿客户咄咄逼人的态度吗？为了更好地了解个中缘由，我询问了那位销售代表。他的回答是："不是你们教我们这样做吗？"

至此，我弄清楚了两件事。

第一，我们传授的策略是合理的，但我们并没有坚持教他们如何有效地使用策略。我们没给他们展示怎样做、怎样说才是"好"的。

第二，我们的销售代表使用他们自认为有效的策略，但不管他们使用还是不使用，他们很少问为什么。

这种情况不仅仅发生在无效策略上。我还发现，即便是结果对销售代表有利，他们也很少质疑引发这种结果的原因。

假设一家供应链管理软件公司的销售代表，在销售初期就从纽约飞往丹佛与客户会面，就客户的需求、销售员的方案以及组织经验与客户进行了长达一个小时的交流，最后客户对销售代表说："一切听起来都不错，就让我们进入买卖环节并试运行吧！"

刚刚发生了什么？

客户是因为销售员在互动过程中使用的特定策略或说了特别

的话而选择继续推进吗？是因为销售员自信又关怀的语调和肢体语言吗？是因为销售员与客户见面还是因为通过电话呢？是因为几天前销售员的首席执行官就某一关键社会议题表达了与客户观念一致的立场吗？是因为客户受时间限制，迫切想从下一个走进门的体面供应商那里购买产品吗？他们是否在前一天与销售员的主要竞争对手发生了不愉快的经历？或者只是因为客户第二天要去度假两周而心情愉快、容易沟通？

无论结果怎样，我们都没有停下来去思考科学、艺术、策略和情感之间的微妙关系，而正是这种微妙的平衡在我们与客户沟通时发挥着作用。我们不去追问为什么，更糟的是，我们大多数人甚至没有意识到我们需要知道为什么。

这是个问题。当今的销售人员如果想在将来获得成功，就要理解并掌握销售的"原理"。这不仅适用于销售员的业绩提升和目标实现，也适用于销售行业本身的成长，以及信誉度和认知力的提高。我们越是通过问"为什么"来审视销售结果，我们就越能在各种情况下感知与客户沟通所需的科学与艺术的微妙关系。

刨根问底已深入我的骨髓。尽管我做了20年的定额销售和领导工作，但我的职业生涯起步于一个完全不同于销售的岗位，很多时候我的唯一目的是问"为什么"。

# 从科学到销售

与大多数销售员一样，我从没想过我会从事销售工作。虽然人们很少偶然成为医生、会计或工程师，但成为职业销售员的机会还是很多。我也不例外。

小时候，我很好奇事物是如何运作的。你也许会说，我是一个学习的好苗子。我还喜欢搭建飞机和汽车模型，经常把我能拿到手的收音机、吸尘器等东西拆得七零八碎。我从领悟机械操作的顺序中获得了极大的乐趣和满足感。一点都不奇怪，童年的好奇心让我对试管实验和微分方程感兴趣。

取得化学和大气科学的本科学历后，我成了一名合格的气象学家（让天气预报准确的笑话飞一会儿吧），之后我决定攻读化学工程专业的研究生。在多伦多大学，我建立的计算机模型帮助科学界掌握了城市地区有毒污染物的动态情况。我还在科学领域的期刊上发表了两篇学术论文，通过努力获得了硕士学位。

然而，毕业之前的几个月，我对自己的就业却很纠结。我应该留在学术界继续我的研究，还是进入其他行业？那时，一位工程专业的毕业生举办了一场有关他转行到麦肯锡公司做管理顾问的座谈会。他分享的将工程专业上的好奇心应用于商界的故事引起了我的共鸣。我参加了几轮招聘会，面谈和面试后，得到了两个工作机会：一个是埃森哲公司（当时叫安德森公司）的顾问，另一个是 IBM 的软件部门的销售工程师。虽然我对这两个职位都很感兴趣，但考虑到 1999 年前后互联网繁荣发展，我决定冒险加入技术领域的公司，最终我入职"蓝色巨人"（IBM 公司的绰号）。

我兴奋至极！这可是到世界上最大的科技公司之一工作的机会，在快速发展的互联网和电子商务领域，显得更加难能可贵。有人参照他自己的学术生涯问我："那么你打算拿那个学位做什么？"这份工作也算是对我适当的肯定。但就在我入职 IBM 的几周前，发生了一件事。

我受人引荐认识了一位年轻的企业家，几个月前他协助当地创办了一家名为"劳动智力"（Workbrian）的计算机软件公司。这家公司发展迅速，但毕竟是个创业公司。公司有一支出色的团队，由 20 个富有智慧、才华横溢的年轻人组成；有最新技术生产的可靠产品，随时准备大干一场；还有一位睿智而又经验丰富的首席执行官，有抱负，执行力强。公司有这么多商业计划要落实，有这么多问题要弄清楚，对一个菜鸟来说，一想到能成为这个公司的一员，我就感到兴奋。于是我打电话给 IBM 公司，放弃了 IBM 的职位，开启了我在这家创业公司销售领域的征程。

3 年后，劳动智力公司首次公开募股；4 年后，这家刚刚起步的创业公司成长为价值 1 亿美元的企业，然后我们被兼并了。在离开科研岗位的 20 年里，我有幸成为四大创业公司的一员，担任销售员和销售领导。其中三家创业公司被收购：一家被 IBM

收购（有点讽刺），另一家被赛富时收购，这也是我在赛富时工作的原因。这一路走来，我有机会与一些优秀的销售人员、领导者和企业家一起工作，学到了很多大小公司成功所需的知识。

我见证了高速发展的公司如何不断提高企业价值，完善企业规划、商业模式和福利模式，所有这些都是为了更深入地与客户建立联系。我雇用了数百名新销售代表，在与客户建立信任的过程中，目睹了各种起起落落。我还看到了感情在销售各个环节所起的不可思议的作用：消息发出去，从被拒绝到再协商。现在的买卖过程就如同庄严的奥运会赛事一样，有挑战、有回报，还有极致的享受。

如果你认为销售只是一种平衡艺术与科学的程式化的一项活动，那请再想想！销售在我们商业和个人生活的方方面面几乎无处不在。

# 人人在销售（我们没教过）

现在的就业市场提供了各种各样的岗位，但美国劳工统计局的数据显示，2018 年有约 11% 的美国人（大约九分之一）就职于销售岗位，也就是所有销售产品或服务的岗位。你可能对这一统计数据感到惊讶，但丹·平克在《源自人性的销售力》中分享的有趣研究表明，销售是一种远超你想象的更加普遍的行为。平克在书中还提到了一种被称为"非销售"的行为，意为"以不让人购买的方式劝诱、影响和说服他人"。

例如，面对即将发布的产品，产品经理团队聚在一起讨论应该优先介绍哪些功能。或者，一位为保障交易额的销售人员，正试图说服他们法律部门放宽客户合同条件。甚至经理与团队成员一对一交谈，想让他们周末加班完成一个特别的项目。虽然这些行为不是直接用钱购买产品，但都可通俗地称为"销售活动"，即让别人放弃他们珍视的东西以满足你的需要。像想法、信念、时间和注意力等，都是非销售活动中购买的一部分。

果然，平克发现受访者花在这类活动上的时间平均为 41%，有不少人还高达 70% ~ 80%。这些数据表明：如今，我们大多数人不仅身处销售游戏中，还有一大部分销售员在无意识地搞推销！

现代销售技能如此重要，你会认为销售教育将成为许多高等教育课程的基本组成部分。但事实并非如此。

据销售教育基金会统计，超过 50% 的美国大学毕业生在职业生涯中的某个阶段可能会从事销售工作。但是，2016 年，美国的 4000 多所大学，只有不到 100 所大学提供销售方面的研究项目或销售课程。更令人失望的是，在每年获得 MBA 学位的 17 万名美国学生中，只有极少数人了解销售方面的知识。

是时候改变了！

# 前进之路

本书将探讨当代销售人员在吸引客户和创收中要掌握的关键技能。不论你是销售软件、汽车、个人培训课程，或仅仅是推销你个人的想法，都无关紧要。我们在介绍一些让销售行为和购买行为相一致的策略时，要考虑每一种方法的三个要素：科学、共情、执行。

## 科学

从行为学到神经学，从社会心理学到说服理论，现在我们对影响购买行为的因素有了深入了解。但是，许多销售人员仍然使用那些传统的、不严谨且过时的策略。莱内特·赖亚尔斯（Lynette Ryals）和伊恩·戴维斯（Iain Davies）教授有一项业绩研究，它跟踪调查了现场销售会议上的800名专业销售人员。研究发现，只有37%的销售员被认为工作"有效"，而其余63%的销售员，其某些行为会导致业绩不佳。

　　值得庆幸的是，我们生活在一个行为研究激增的时代，加上空前完善的销售策略和营销技术，现在的销售员更能理解某一特定方法的效果。例如，对话分析软件平台 Gong.io[①] 的团队分析了9 万多个首次接触的推销电话，以确定哪些开场白能让面对面交谈的效率最高。

　　通常，销售人员打电话时会这样介绍："您好，玛丽，我是 Acme 公司的大卫，您现在有空吗？"然后期待着肯定答复。时间长了，销售人员意识到客户不喜欢在这些情况下给出肯定的答复，因为说"有"意味着承诺，而人们不愿意这么做，尤其在接到推销电话的时候。那么，反其道而为之。

　　"您好，玛丽，我是 Acme 公司的大卫。现在给您打电话是不是不太合适啊？"这种介绍被认为更有效，因为它尊重了客户的时间（毕竟，是你打扰了他们）。这也是为了征求客户"不"的回应：对客户来说，这是一个更安全、更舒适的情绪状态。但 Gong.io 的团队发现，反复使用这种对话会使面对面会谈的概率降低 40%！

　　那么哪种方法最有效？有趣的是，打通电话开门见山问客户"您过得怎么样"，这使见面会谈的概率增加了 6.6 倍。像"您好，玛丽，我是 Acme 公司的大卫，您过得怎么样"这种简单且

---

① Gong.io 是一家人工智能创业公司，专注于帮助企业分析和改进客户交易。通过对客户交易进行录音，形成文本，分析其通话内容，帮助企业了解客户的真实需求，提高企业的销售和服务水平。

几乎反直觉的方法很有效，其原因有很多。首先，它是一种中断模式——一种可以改变客户心理状态的突然对白，它背后隐藏着一种叫作自我感知理论的科学原理。该理论由行为科学家达里尔·贝姆在20世纪70年代初提出，认为人们易用符合公众言行的方式审视自己。在推销电话中，问客户过得如何，他们会给以积极答复（我们大多数人都习惯这样做），客户所说的话会影响他们的感受。销售员想要进一步交流时，这种即刻涌现的积极情绪让客户更加顺从。

但是，如果你认为"等一下！那种策略对我不管用"，也不要担心。因为一种策略仅被科学和研究证明可行，并不意味着它适用于所有情况。一种策略的有效性也不只表现在使用一个词或短语。我们很快就会讲到，策略的执行有很多细微差别。然而，正如你会在本书中读到的，作为客户的我们，许多行为反应都是潜意识的，通常超出我们的感知。

利用这些原理关键在于研究它们，了解它们，并探索它们在不同环境中所起的作用。我们可以选择其中的最佳数据和支撑研究的方法，在恰当的时机融入我们的销售活动。

## 共情

你有没有注意到，平时正常的人，开车时他们的行为举止完全不同？我们坐在车里会变得很不耐烦，人的尊严也不值一提。但是，许多传统的销售员也认为，他们打着"销售"的旗号交易，吸引（经常打扰）潜在客户的策略是完全可以接受的。他们用低含金量、模板化的电子邮件和虚假的社交媒体邀请对客户狂轰滥炸，紧随其后的是劣质的产品解说和毫无准备的推销电话。然而，一旦人们购买时，会马上对这些策略警觉，并强烈地抵制。

想想看，当接到推销员的电话时，你要多久才能知道他们在读准备好的台词，然后挂掉电话？有些人表示不到三秒钟，有些人的反应几乎是瞬间的。而且，这些老派销售员肯定不会像买东西那样卖东西。

在现代化市场中，所有销售员都需要与客户产生情感共鸣。要想成为一个高效的销售员，我们必须站在客户的角度思考，问问自己，为什么客户觉得有必要从我们这里买东西。研究发现，90%的优秀员工具有强烈的情感意识，其中包括同情心。

我曾三次成为软件巨头赛富时的客户。他们收购了我的第三家创业公司后，我在那里度过了不可思议的5年，发现它真是一个了不起的企业。那段时间，我聘用了许多销售代表，尝试教我的团队要对客户抱有强烈的共情心理。我的任务又多又紧迫，而且我非常清楚：客户不会关心我们的产品、销售流程，或者我们是否完成了自己的任务。他们只关心一件事：发展自己的业务！虽然销售是最有趣、最具竞争力、最吸引人的职业之一，但是，销售的成功源自对客户需求的敏锐关注，并将其放在首位。

举个例子。化妆品巨头欧莱雅，因强烈的共情被聘用的销售专业人员，第一年年底实现的营销额比同行高出 91370 美元。在一家国家保险公司里，共情等情感技能方面表现出色的销售代表获得的薪酬平均是一般情感技能销售代表的两倍多。但是，只有36% 的人有共情心理，并能始终理解他人的感受。

因此，需要重新制订现在的销售策略。接下来我们将从一个重要但非常简单的视角来介绍这些方法：如果你是客户，这些策略对你有用吗？

## 执行

1976 年，15% 的美国成年人肥胖。2018 年，这一数字飙升至近 40%。这些统计数据是否表明有关保持健康生活方式的信息量减少了？还是美国人忘记了如何通过正确的饮食和运动来保持健康？这两种猜测都是不太可能的。

斯坦福大学商学院教授杰弗里·菲佛（Jeffrey Pfeffer）和罗伯特·萨顿（Robert Sutton）在他们的著作《知行差距》中，用类似的视角审视商界，他们问道："你有没有想过，为什么有这么多的教育培训、管理咨询、组织研究、书籍文章，而它们在实际管理实践中带来的变化却如此之少？"原因在于，我们的理解与执行之间存在着差异。销售领域也一样。

前面讲到的逆向心理策略就是一个很好的例子。客户质问我的销售代表，为什么我们的报价比其他商家的更贵。该销售代表在合适的时机，选择了一种科学合理的策略作为回应。但适得其反，原因是他的措辞和语气很糟糕。

以你购买的方式进行销售，并不仅仅意味着知道要做什么。毕竟，销售不是一场学术活动，它是知行合一的策略，是让其成为习惯并产生预期结果的活动。

因此，如果销售的秘诀在于用购买的方式卖出，那么在解构当代消费行为的体系和决策路径之前，我们必须先了解销售活动发生的前提条件——如何抓住客户注意力。

# 第二章

# 2

## 如何吸引
## 客户注意力

# 销售的敌人：惯性

1687 年 7 月 5 日，英国物理学家、数学家艾萨克·牛顿爵士（Isaac Newton）发表了他那开创性的著作，一篇题为《自然哲学的数学原理》的论文。他提出了著名的三大运动定律。第一个定律描述了所有物质的物理特性，称为惯性。意思是，运动中的物体，除非遇到足够大的阻力，否则会保持运动状态。这样说，你可能会将惯性视为变革的一种阻力。例如，从枪管中射出的子弹很可能会向前自由行进，除非有障碍物（如砖墙）使它偏移。同样的原理也可以解释为什么一个静止的物体倾向于保持这种状态。比如，一个慵懒的星期天早上，你躺在床上。

300 多年后，行为科学证明类似的原理也适用于市场的决策。

　　1989 年，加拿大经济学家兼商学教授杰克·克内奇做了一项实验，论证了一种被称为"现状偏差"的新法则的影响。他将学生参与者分成三组。第一组可以选择一份免费的礼物：一个漂亮的咖啡杯，或者一根美味的瑞士巧克力棒。这一组中，56% 的参与者选择了咖啡杯，44% 的参与者选择了巧克力棒，说明对这两种选择的偏好大致平衡。但克内奇想证明时间的流逝如何影响人们倾向的改变。为此，他给了第二组参与者咖啡杯，但不久之后，他询问学生，是否想用咖啡杯换一根巧克力棒。最后，他给了第三组学生巧克力棒，但在更长的时间后询问他们，是否想用巧克力棒换一个杯子（前提是他们还没有吃过）。

　　由于第一组在礼物选择上表现出几乎相同的初始分配，实验推测，如果有权选择交换，大约一半选了咖啡杯的学生会换成巧克力棒，反之亦然。但事实并非如此。实验证明，拿到杯子的学生只有 11% 想要换成巧克力棒，拿到巧克力棒的学生也只有 10% 想要换成杯子。这意味着大约 90% 的参与者认为他们拥有的东西比其他东西更有价值。换句话说，他们对改变现状的恐惧和惯性太大，难以实现改变。实验进一步表明，对现状的偏差感会因时间流逝而加剧——在有些情况下，会增加 2 到 4 倍。

　　更令人惊讶的是，经历过现状偏差的人面对自己的处境，防御心更强，经常认为自己所处的位置是合理的。例如，最初选择咖啡杯的参与者可能会极力赞美它的外观和可反复利用的优点，以此作为保留杯子而不换巧克力棒的理由。

这些结论对我们大多数人来说并不陌生，因为它在我们的生活中很普遍。比方说，想想卧室的衣柜里，是否有一些不用或不穿，别人也劝你丢掉的东西？或者，你是否与人维持过一段关系，时间比你想象中要长？是否从事某一份工作的时间超出了你的预期？而旁观者却很清楚（并且可能建议你）它没有什么用了。如果有，你就抱有现状偏差。正是惯性使我们安于现状，没有意识到还有许多值得我们考虑的选择和机会。

当我们想用买进的方式卖出时，一定要认识到这些惯性存在于客户的头脑中。无疑，这是你施展销售才能的主要障碍。

## 确认现状偏差

许多销售员行动时，就好像客户整天无所事事，只等产品送上门。然而事实并非如此。现状偏差，即客户继续维持现状的习惯，在当今的销售过程中无处不在，通常有两种表现形式：脱口而出和三缄其口。

三缄其口的现状偏差最常见的症状表现为客户需要通过大量接触才能回应你最开始的推销。换句话说，尽管你多次大胆尝试让客户回应你的电话或电子邮件，但他们无动于衷，似乎无视你和你的产品。

桥组（the Bridge Group）咨询公司的研究印证了这一现象。2018 年，该公司通过对 434 家企业间电子商务（B2B）公司进行审查发现，销售员尝试与潜在客户建立联系的次数平均为 9.1 次，几乎是 2010 年 4.7 次的两倍。接下来的几章，我们将讨论吸引这批客户的新型策略。

但是，假设你确实能够让潜在客户回应，并与他们进行销售对话，你或许会发现自己身处脱口而出的现状偏差。这些对话可能像这样：

"你们的产品现在不是我们的首选。"

"我们现在没有那么多钱。"

"我们现在使用的产品虽不完美，但还管用。"

"我认为你的产品在这里不管用。"

"6 个月后再打给我。"

这些回应，都是由公司和人们的惯性引发的。

信不信由你，如果你使用客户关系管理系统（CRM）或其他系统追踪销售周期数据，也很容易确认现状偏差。比如，进入你的客户关系管理系统，查看你或你的销售团队在一年内或更长的时段内所有失败的交易。然后，追踪其原因（我希望你好好调查一番），将竞争者或有竞争性的产品导致的收入损失与"无作为"或"无兴趣"造成的收入损失进行比较。我做销售领导的时候曾分析过这些统计数据，我发现"无作为"造成的损失比竞争对手带来的损失高出七倍或更多。相信你也会发现相同的答案。

　　还有一个令人意外的趋势：我的销售代表在造成损失的"无作为"阶段花的时间是成功交易的三倍。换句话说，现状偏差导致他们在失败交易上花的时间多于成功交易！（更多内容详见第六章。）

　　而克服现状偏差取决于两个决定性因素：首先是客户在你的产品中看到的价值；其次是你为推销所选择的方法和媒介。暂且将推广方法和媒介放置一边，来看看价值如何吸引客户的注意力，秘密可能藏在数学里。

## 注意力与价值矩阵

　　我一直喜欢研究供货商用来吸引目标客户的兴趣和注意力的各种方式、办法、信息和策略。作为客户，我曾见到有说服力的例子，也遇到过惨不忍睹的案例。最后，我注意到有着神奇数学关系的两个重要因素：你产品的感知价值与你需要从目标客户那里得到的注意力（以便转化他们，或者吸引他们）。作为现代的销售员，了解这种关系有助于确保你专注获得最佳回报的策略和行为。

有些产品和服务独一无二，设计新颖，令人叹服，其价值主张也非常明确，有说服力，如苹果手机和特斯拉汽车。而其他产品在市场上随处可见其替代品，如跑鞋和平板电视，这类产品占大多数。一些销售公司在吸引客户的想象力和注意力方面做得非常出色，而一些公司则平平无奇。

我用下面的简单逆图来描述这种关系：

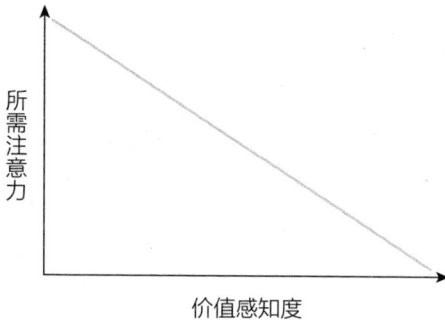

其原理是，随着对产品价值认知的提升，你需要从客户那里得到的关注度或注意力就会下降。例如，苹果公司很少为新产品做过多的宣传。他们只是发布一份新闻稿，让每个人知道他们计划何时发布新产品，然后全球数千家新闻媒体立即蜂拥而至，开始根据已知的规格、线索和不同数据的碎片信息来推测即将发布的设备的细节。苹果产品面向精英群体，促成了游戏规则的多样性。因此，它们几乎不需要客户的关注或其他想法，就能脱颖而出。

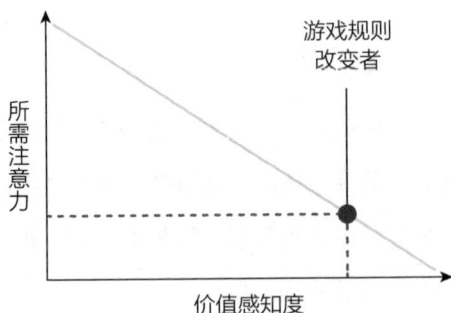

相反，麦当劳宣布推出一种新的汉堡包，消费者可能会在广告牌、商业广告和公交广告上看了没有几百次也有几十次的广告后，才开始注意到。对价值的感知越高，对注意力的需求就越低。相反，低的价值感知度则需要高度的关注。

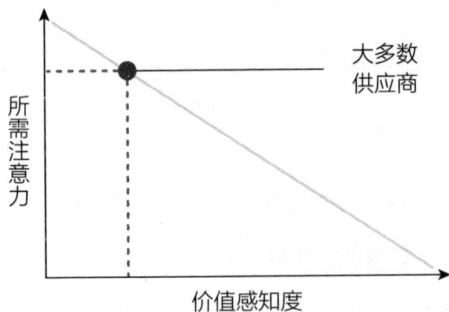

可惜，抛开苹果或特斯拉的名气不说，大多数供应商需要大量的客户关注才能实现他们的价值诉求。看看下面常见的与 B2B 技术相关的价值主张。在现代市场中，大多数产品有助于：

| 降低 | 提高 | 拓展 | 增加 |
|------|------|------|------|
| 成本 | 效率 | 范围 | 收入 |
| 风险 | 持有率 | 认知 | 客户群 |
| 曝光度 | 品牌知名度 | 自动化功能 | 品牌忠诚度 |
| 错误率 | | | |

此列表中是否包含了贵公司的一项或多项重要的价值主张？如果有，那么你们公司的价值很可能会被大量相似的产品淹没。当然，由于大多数公司的目标是让产品价值迅速被理解和内化，因此，了解产品在这个矩阵上的位置很重要。由此，你会更加明白如何调整你的方法和途径。

将简单的逆图转换为象限（注意力／价值矩阵），问题就变得格外清晰了，可以让我们更好地理解这个主题。

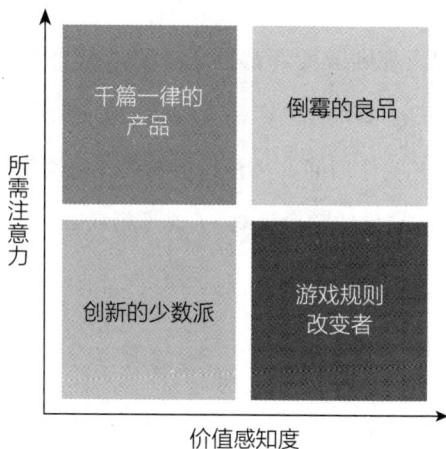

## 游戏规则改变者

论及游戏规则改变者，客户不仅仅在产品上，还在市场创新中看到了高额回报。这些游戏规则改变者的广告支出可能很大，但在众多产品供应商中，脱颖而出，不需要投入太多精力来吸引客户的注意力。苹果不仅销售手机、小工具和配件，还销售出色的设计、用户体验和工程技术。特斯拉不仅卖汽车，还出售对地球未来的愿景。这种方法很有效：特斯拉在其入门级电动汽车 Model 3 上广告零投放，发布后的第一季度就拿到了大约 50 万份订单。

再举一个不同类型的例子。假设多伦多大学一个鲜为人知的小型生命科学研究组，经过多年努力和实验，发明了一种能治愈癌症的有效药。没有广告费，也没有营销计划，这条消息也很可能会闪电般地在世界各地媒体上传播开。数十亿人会立即停止他们手头的工作，关注这件事。这就是游戏规则改变者的影响力。

大多数游戏规则改变者都是任务驱动型企业，有忠实"粉丝"追随着他们。如果你的产品有机会成为这个精英群体的一部分，那么能够展示你信仰（打算如何在世界范围内产生影响）的营销计划应该主导你的整个战略。（详见第六章。）

## 千篇一律的产品

但是，大多数产品和服务供应商都毫无特色，千篇一律，如快餐、银行和铅笔制造商。这些企业的价值感知度和差异化程度较低。这就意味着他们需要更加努力，需要更多的智慧才能吸引到目标客户的注意力。

正如前文提到的，2011 年到 2019 年，仅营销技术领域的供应商数量就从 150 家增加到 7000 多家。许多产品（或现有产品的新功能）并不是革新性的，而是对现有方案的变化或改进。房地产经纪人、电视、人身伤害索偿律师、割草机甚至跑鞋，都存在同样的情况。并不是说这些产品、服务或专业人士没有改变游戏规则或实现高度差异化的潜力，而是因为他们表面上看起来都一样，所以客户很少去更深入地关注他们。

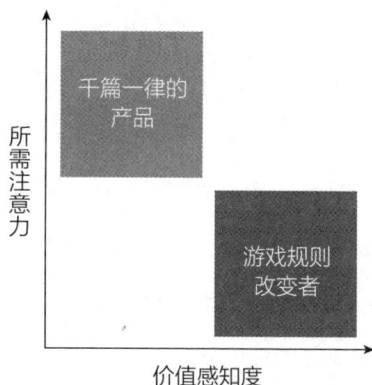

面对千篇一律的产品，前面描述的惯性就形成了一道防线，保护我们的注意力不被分散。惯性主导着潜在客户，使用着惯用的产品、政策和做法，而忽略了你的产品。如果你参加过任何供应商博览会，就会明白我的意思。数十家供应商的标牌上都写着同样的话："成功率提高百分之 X""管理成本降低 Y 个百分点""客户满意度提高 Z 个百分点"。如果没有革新立异的战略和推广，他们的销售和营销团队将无法突破坚实的惯性防线而获得广泛关注。

这就是产品供应商陷入的困境。如果你认为你或你的企业存在于千篇一律的海洋中，你的任务应是使用本书罗列的策略尽快摆脱困境。

## 倒霉的良品

市场上有很多产品和服务，理性客户认为其价值高，值得投资，但可惜，这些产品和服务仍需付出很大努力才能突破消费者的防线。如果燕麦麸、纤维、日常锻炼和定期放松都算是产品，它们也都在需付出努力的范畴。

然而优质的产品是四类中最不受欢迎的，即便质量和效果较好，销量依然很糟糕。成功的突破点就在注意力上，与其他类比起来，倒霉的良品要积极地瞄准自己的客户，目标越明确，推广的效果就越好，需要的关注度就越低。

例如，每年提供流感疫苗接种、健康和保健计划或献血服务的公司经常到公司现场访问，以减少与客户的矛盾。这类商家（以及同质化的其他商家）还可以用在线定位技术，重现客户已经在数字资源中搜索过（可能会发现有价值）的产品，以推动转换率。

## 创新的少数派

最后，我们谈一谈大多数供应商的目标，即做创新的少数派。"恰到好处"的黄金组合是将主流价值观与高效的交付机制整合，并与科学和同理心紧密结合在一起。

那些"创新的少数派"的企业已经找到了解决问题的方法。他们的产品或服务，即便被认为不具有颠覆性的影响力，也已通过独特而巧妙的营销策略获得了客户额外的关注。例如，2014 年，当全世界为 iPhone 6 的发布和自拍杆的广泛普及等技术创新而神魂颠倒时，很少有人会想到，一个有着数十年历史的床垫行业已经到了颠覆的时候了。然而，在线盒式床垫领域的先驱卡斯帕（Casper）[①] 做到了这一点，凭借着其直接面向客户的灵活商业模式、社交媒体市场策略和众多名人客户，卡斯帕迅速成了这个市场的主导者。截至 2019 年 4 月，该公司已从投资者那里筹集了一笔资金，估值为 11 亿美元。

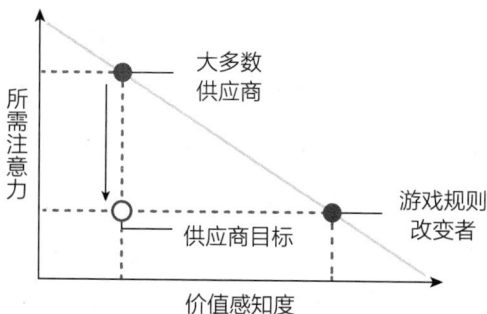

① 一家公共电子商务公司，在线和零售场所销售睡眠产品。——译者注

靠这种独特的组合，创新的少数公司往往是后天造就而成，而不是与生俱来的。这是好事。因为那些不管是千篇一律的产品还是倒霉的良品，都可以结合一些后文介绍的方法，转变为创新的多数派。

许多公司在这个时间紧迫、带宽有限、产品众多的时代，都遇到了注意力短暂、价值观容忍度低的新型客户。你的产品的感知价值与你所需要的客户关注度之间的关系，会影响每个销售员。不管你的公司处在矩阵的什么位置，你都应该采用客观、数据驱动的方法来评估你的处境，然后用策略实现事半功倍的效果。

## 规划的力量

许多销售员最大的误解是，他们以为那些已抛弃现状偏差、积极寻找新产品的客户很清楚自己在寻找什么。也就是说，他们相信在市场上寻找产品或服务的客户很清楚自己想要解决的问题，也清楚解决问题的方式。例如，我在为家庭旅行找旅行社，这意味着我知道目的地类型、相关的旅行选项及家人喜欢的活动。因此，一旦有一家符合以上标准的旅行社进入我的搜索范围，我会立即考虑。但这种情况很少见。

　　在 2019 年一封致亚马逊股东的信中，创始人兼首席执行官杰夫·贝佐斯（Jeff Bezos）在讲述了亚马逊智能家居音响成功的故事时，强调了引导客户购买的重要性。他说："市场调查无济于事。如果 2013 年你跟一位顾客说：'你想在厨房里放一个一直联网的黑色设备吗？和品客罐头一样大，你能与它交谈，向它提问题，还可以用它遥控开灯、播放音乐。'我敢打赌，他们会奇怪地看着你说：'不需要，谢谢您。'"

　　当然，产品知名度是吸引客户注意力的关键。但为了让产品和客户有交集，关注客户的经历、需要及要求也很重要。

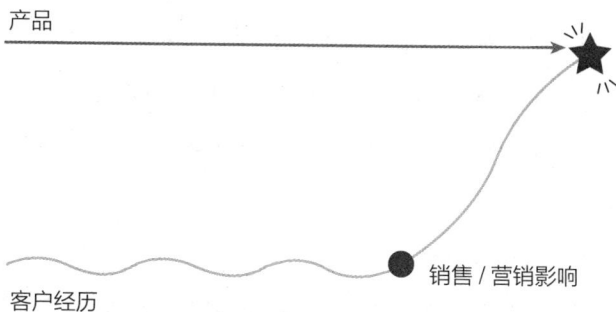

产品

销售 / 营销影响

客户经历

　　举个例子。早在 2008 年年底，在我的第三家创业营销公司瑞普<sup>①</sup>，由于员工（尤其是进入职场的千禧一代）讨厌年度绩效评估（详见下文），喜欢实时了解对他们工作表现的反馈，我们开

---

① 英文名 Rypple，一家社会化企业人力资源管理平台，在云端实现绩效考核与项目跟踪。——译者注

发了一个软件平台，帮助人们在工作中获得更多反馈、指导和认可。随着工作初见成效，我们吸引了许多志同道合的公司，这些公司都在为新员工提供想要的实时反馈方面遇到了困难。反馈信息缺乏，会造成敬业度和生产力低，会导致人员流失和人员流动成本增高。

面对这些商业的挑战，公司很好奇我们的产品是如何满足员工的反馈要求及提高公司内部参与度的。

许多人会问："你的产品怎样帮我们开展更好的年度绩效评估？""你的产品怎样帮助我们对员工的技能和能力进行评估，以促进他们更好地完成工作？"事实上，我们没有做到这些事，我们并没有满足那些寻求传统绩效管理解决方案的公司的许多要求。这些功能与我们倡导现代反馈行为的产品完全相反。再者，建立更好的绩效评估模式也不是我们的重点。然而，这就是客户的要求。

当然，这也不是他们的问题，他们并不了解。俗话说得好："倘若你手持锤子，那么所有问题看起来都会像是钉子。"很遗憾，尽管我们的方法独具价值，但市场中已有的观点（现状偏差）让客户难以理解。

我们意识到，要想成功出售我们的产品，就要重构客户的需求。我们必须帮助客户认识到，他们提出的问题无法用他们设想的普通办法解决。我们必须向他们展示一种不同的方法，一种正合他们之意的方法。这意味着我们要引导他们走一条更规范的路，从他们最初的业务难题，到最后我们的产品问世。

## 选择的悖论

你可能认为产品多样化，研究、见解和评论随处可见，客户很容易做出最佳选择。但是，你错了。

2000 年，哥伦比亚大学和斯坦福大学的研究人员做了一系列行为科学实验，研究选择对决策的影响。实验中，研究人员在一家高档超市布置了一个美食果酱展示区。所有果酱都是由同一家制造商生产的，顾客经过时可品尝。为了检验选择的影响，研究人员为客户准备了口味繁多的果酱。其中一项实验提供了 6 种不同口味的果酱，另外一项实验提供了多达 24 种口味的果酱。结果，接触到 24 种口味的客户，只有 3% 继续购买。而当客户只有 6 种选择时，购买者的数量增长到 10 倍，达到 30%。

再举个例子。领先的消费品制造商宝洁公司发现，他们将流行的海飞丝洗发水款式从 26 种减少到 15 种后，销售额增长了 10%。虽然传统观念可能认为选择越多越好，但选择越多，客户越困惑。这就使客户很难评判，进而导致销售员熟悉的"无决策"现象。

高德纳（Gartner）①的研究也证明了这一点。把选择的重任交到客户手中，他们反而向供应商寻求帮助（被动销售），客户

① 全球权威的 IT 研究与顾问咨询公司，成立于 1979 年，总部设在美国康涅狄格州斯坦福。——译者注

不会轻易下决心购买。客户还非常后悔自己所购买的东西，不确定自己是否买到了合适的东西，或者在想其他产品会不会更合适。

比方说，你想用辛苦赚来的钱预订前文提到的难得的家庭度假；你可以在网上找到成百上千的目的地、娱乐活动或者旅游项目。无数个小时辛辛苦苦研究之后，你终于将选择范围缩小到几个看起来合适的项目，但还是不确定。然后，为了更深入地了解你的家人对这些项目的可能性看法，你开始阅读其他旅行者的评论，看到了来自艾奥瓦州得梅因市的游客贝蒂对一个全方位度假村的评论。你可能在想："贝蒂和我一样有三个孩子吗？""在飓风高峰期旅行她有没有和我一样的担心？""她是一位退休的图书管理员吗？她上班的大部分时间都是坐在沙发上织毛衣吗？"天晓得。你一条条地看着评论，想得到一些提示，但你想要的那种清晰攻略始终看不到。最终，你被众多项目和评论搞得筋疲力尽。你放弃了，然后决定就去这个地方，希望是最佳选择。你还没确定是否做出了正确决定，就开始后悔了。

然而，引导客户穿过海量产品到最后做出购买决定是值得的。当销售员采取更规范的方法去帮助客户评估及购买产品和服务时，我们发现这些统计数据急剧逆转：购买便捷度上升 86%，客户后悔率降低了 37%。

客户报告

+86%
购买便捷度

-37%
后悔率

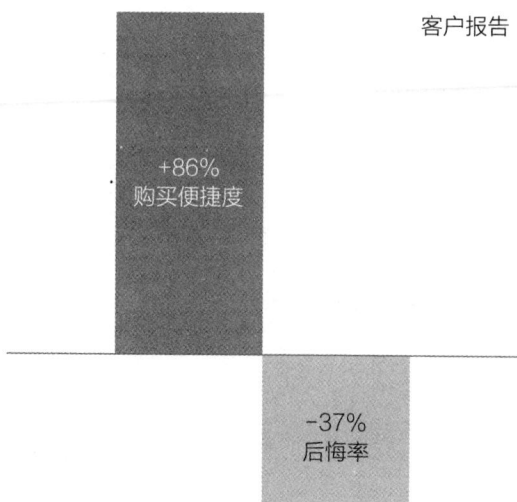

来源：CEB，引自尼古拉斯·托曼、布伦特·亚当森和克里斯蒂娜·戈麦斯的《势在必行的新式销售》，2017 年 3—4 月 © HBR.org

假设你没有花几个小时在网上搜寻假期的规划，而是联系一家专门经营旺季家庭游的旅行社。他们会仔细聆听你的需求、愿望和条件，并在短时间内列出三个看起来很棒的场所。不仅如此，中介还会列出你孩子所在学校其他家长的名单，这些家长曾在某年的同一时间度假，特别喜欢某个目的地。你预订后，不禁觉得过程简单顺畅，还信心十足，相信自己做了一个特别棒的决定。

这种销售员就能让你的消费充满信心。因为他们给客户提供清晰、有见地的建议，在很多方面能让客户对购买有信心。他们让客户看得见未来，让消费变得更容易。

在我第三次创业的例子里，客户不仅会改变对我们产品的看法，还会换一个角度去评估产品。我记得一位客户提出了有关员工敬业精神的问题，这与我之前提到的过时绩效评估流程类似。他们还是一家人力资源外包公司，却在找一套新方案来帮助自己的员工在工作中得到更多的反馈和指导。但是，他们没有采用常见的电话会议和供应商会议评估、解决问题，而是决定使用征求建议书（RFP）。

征求建议书是指客户要求供应商以书面形式提交详细建议反馈的程序。该流程精心设计，供应商与客户联系的渠道受限，以确保所有供应商与客户保持一定的距离，以免偏袒任何一家供应商。可以想象，因其费时费力，大多数供应商相当讨厌利用征求意见书开展工作。但是供应商发现最有争议的是需求列表本身，客户在制作该表过程中会咨询某一个供应商或值得信赖的顾问，导致这些需求受到影响。最后导致某一方占尽优势，征求建议书也不例外。

早些时候，我们从和客户不多的几次交谈中得知，他们正在寻找一种更先进的方法来调动员工的敬业度，而客户的方案要求清单读起来却像过时的绩效评估手册，这令人略感意外。

不管这个过时的需求列表出自何处，我们清楚当前情势下我们根本不会去响应征求建议书。我们能满足的要求太少了，而他们也违背了我们坚持的许多发展原则。更重要的是，我们相信满足他们的要求并不能解决客户向我们提出的业务问题。如果我们采取消极的立场，简单地应付客户的要求，我们肯定会丢掉生意。因此，与其让客户将谈话带偏，还不如由我们决定采用一种高度自信和规范的方法。

首先，我们提醒客户对话内容，以及我们之间在提升员工敬业度上的共同诉求。然后，我们借助第三方的研究说明，用传统的方案解决他们现在的问题可能性很低。毕竟，如果使用已知的惯用方法可以轻松解决问题，那问题早就解决了！正因为他们不清楚新时代员工的绩效方案是什么样的，下一步就该向他们展示产品，耐心地解释产品的关键组成部分，坚定地指出他们评估过程中的问题。

我清楚地记得与客户的一次谈话，我说："令人欣慰的是我们完全可以解决您的业务问题，我们也很乐意提供帮助！关键是我们觉得您在征求建议书中要求的方案并不能解决这些问题。再者，我们知道您还需要其他核心产品，在征求建议书中却没有提到。"客户意识到我们会真心提供帮助，就会给我们表现的机会。

之后，我们重点介绍了脸书（Facebook）和皮克斯公司[1]的典型案例，介绍了他们如何使用我们的产品解决同样的问题。不久客户就回复我们，同意购买！他们现在与我们的想法完全一致，同意更新他们的方案，和我们现代化的策略保持一致。我们最终

---

[1]　英文名 Pixar，全世界最成功的动画制作公司之一。——译者注

拿下了这项业务，客户也成了我们忠实的用户之一。我们打破了他们的惯性，打破了他们的现状偏差，重新确定了他们的要求，破除了千篇一律。这个策略使我们立即加入了"创新的少数派"的队列。这就是对症下药的力量。

## 挖掘消费渠道

　　现在，我们已探讨了现代经济活动中多种影响客户和销售的模式。我们看到，新时代的客户惯性思维根深蒂固，存在很强的现状偏差。客户不喜欢与销售人员接触，除非他们已长时间合作（如果有的话）。同时，几乎每个市场都充斥着很多产品选择，供应商发现自己快迷失在千篇一律的产品海洋中了，还要努力赢得客户的关注。为了成功，现代销售部门需要引导客户完成购买。

　　但是，引导并不仅仅意味着使用固定的方法说服客户，而是要去了解客户决定购买的玄妙之处，然后相应地调整策略。

　　也就是说，如果新时代的销售员要以买进的方式卖出，那么详细了解现代客户消费的逻辑、情感和操作步骤就显得很重要。这就是下一章要探讨的内容。

# 第三章

# 3

走入客户内心

# 一个神奇的问题

我第一次参加正式销售培训是在刚参加工作时。那是一个面向企业级的销售团队为期三天的课程，专攻复杂及周期长的大型销售活动。我是一名销售工程师，作为一名功能或技术专家帮助潜在客户了解市场上最好、最强大的产品。培训师是一位白发苍苍而又睿智的销售领导，凭借着丰富的经验给我们分享了横跨多个公司和销售环境的精彩故事和观点。我热爱学习，并沉浸其中。

第二天一早，培训师向我们的团队提了一个问题，让我醍醐灌顶，用完全不同的角度看待销售世界（就像《黑客帝国》中的尼奥一样）。这个问题和我们团队成员的回答都非常深刻、有说服力，所以今天我向我培训的所有销售部门提了同样的问题。

客户从一堆产品中选择买一个，你认为他们多久会买到最适合的产品？

让我来解析一下这个问题，这样你就能充分了解它的影响。

举一个客户寻找产品或服务的简单例子。客户进行了一定的市场调研，经过严格的筛选，最终会发生下面三件事之一：

（1）他们什么都不做，维持现状；

（2）他们购买你的产品或服务；

（3）他们购买竞争对手的产品或服务。

现在假设你在毕马威（KMPG）或德勤（Deloitte）[①]会计师事务所等独立审计公司工作，受聘观察客户的决定。你与客户或任何产品供应商都没有服务或隶属关系。你不在乎谁拿到了业务，也不关心客户的长远目标的实现。你只需去客观地判断客户的决定，看产品是否最适合他们。

他们的决定是否实现了成本和回报的最优平衡？他们买的产品是否符合当前和近期的功能需求？他们选择的供应商是否有能力来兑现承诺？所有这些因素与相关风险相比会怎样？

即便他们选择了你的产品，你的调查中有多少次会得出客户已选择最好产品的结论？

这不是陷阱！

---

① 1845年成立于英国伦敦，是全球领先的专业服务机构，世界四大会计师事务所之一。

　　不是为了让你说："答案是肯定的，因为不管什么决定，客户总是为自己做出最好的决定。"这是骗人的鬼话！当然，客户可能觉得自己已做了最好的决定。毕竟，是他们自己做的决定，不是吗？但他们的感受不是你要关注的。

　　你的任务是客观评判。事实是，有时人们会客观地做出正确的决定，有时则不会。

　　那么，客户认为多久做出一次正确决定？你认为我们要花多少时间处理？

　　你换个角度想想。过去一个月你吃过的饭，从在美食广场随便吃一点到早上打包的棕色袋装午餐，再到所有那些悠闲的周末早午餐。从医生的角度看这个问题，他负责帮你保持健康和活力，如果你向他们出示的清单如实列出了过去一个月吃的食物，你认为医生会认为这些是最健康的食物吗？"最健康的食物"是指食物的搭配、营养和卡路里达到最佳平衡。

　　那么，你所出示的清单，被医生认为是最健康的食物的概率有多大？

　　是不是很有趣？要不要再举个例子？想想你认识的所有有伴侣的人，或许他们已经和某个人约会有一段时间了，也或许他们已婚多年。不要紧。想想这些人之间的关系，以及所有人可能要选择的人。然后问问自己，这些关系中，你认为这些人所选的是最佳伙伴的概率是多少？

　　多年来，我向数百名销售人员提过这些问题（尤其是第一个问题）。这个问题之所以如此重要，是因为它使销售员真正站在客户的角度去审视他们的决定，核实购买决策中起作用的各种力量。我得到的答案是在 20% 到 40%，这可能让你感到惊讶（也许不会）！

这说明，大多数时候客户并没有在购买时做出最佳选择。更令人难以置信的是，即使他们选择了我们的产品或服务，也是如此！

问题来了：如果我们没有客观地做出"最佳"决定，那我们究竟是依据什么做出决定的？是基于虚假的承诺和谎言吗？是根据有限的可用信息，做出了"最佳猜测"吗？

事实证明，人们主要基于感觉做出决定。

## 偏见概说

人都是依据根深蒂固的感觉做决定。好比人流量大的土路上留下的凹槽一样，通过不断重复的求知、思考和经验形成情感轨迹。经年累月，感觉帮我们更快地做出决定。可是，感觉也可能让我们草率得到一个既不合逻辑也不合常理的结论，这样的事经常发生。换言之，我们都根据听到的或者看到的有用信息做出决定。但是，我们解读这些信息的方式可能与他人不同。这些极具个人化的解读被称为认知偏差，这些造成了我们个人独特的真实存在，经常诱导我们做出背离逻辑和理性的决定。

例如，每年的奥斯卡颁奖典礼上，我们都会看到演员们穿着高级时装在红地毯上昂首阔步——这些服装由世界顶级设计师专门为他们量身定制。每位明星的发型和妆容都由业内顶尖专业人员负责，他们相信自己是当晚最棒的。他们盛装出席，想成为全场的焦点。然而，尽管许多明星尽了最大努力，第二天早上醒来，也会发现自己居然在"红毯灾难"之列！令人惊讶的是，所有的时间、精力和金钱最后付诸东流，产生了截然不同的结果。

用现代销售的话来说，理论上有几十种不同类型的认知偏差会造成这些意外的结果，我们将在下一章详细探讨。例如，认知偏差是指以先入为主的方式搜索、解释、关注和记住信息的一种倾向。近因效应是一种对近期事物的关注远高于以前事物的现象。从众效应是一种因为很多人这么做或相信某物，也追随这种趋势的写照。正如第二章讨论的惯性一样，现状偏差表示了人们倾向于保持事物相对稳定。换句话说，东西没有坏，就不用修。

为了探索这些偏见可能出现的常见场景，举个例子，许多人每年都要决定是否接种预防季节性流感病毒的疫苗。公共卫生部门经常建议接种疫苗，因为流感引发的并发症可能很严重，尤其是对于老年人和低龄儿童而言。美国疾病控制和预防中心表示，接种流感疫苗，无副作用，花费少或免费，还可以将流感疾病风险降低 40% 到 60%。然而，也就约一半的美国人会接种疫苗。那为什么还是会有人不接种疫苗呢？

那些不接种疫苗的人可能会用各种方式将他们的决定合理化。也许，他们多年来一直担心接种流感疫苗反而会感染流感。上周，我从邻居那里听到了一个应景的"故事"，说朋友的朋友就是接种疫苗而感染流感（近因＋认知偏差）。有些人不接种疫苗，可能因为他们不认识其他接种疫苗的人（从众效应）。还有一些人，他们从未接种过疫苗，30 多年来也未感染过流感，那为什么现在要接种，对此毫无兴趣也是理所应当（现状偏差）。

尽管我们脑海中冒出了所有的想法，但有时我们会客观地考虑我们接收的信息，然后做出合乎逻辑的决定。但是，我们的决定始终与我们对信息的感受和解读保持一致。

假如你是一名销售代表，在办公室里度过了漫长而艰难的一天。月底了，你的销售额还没有完成，经理催你尽可能地增加业务，但不幸的是，你紧盯着的交易对象名单完成度并不理想。回到家你自言自语："这一天太难过了！你知道我应得的是什么吗？我应得的是＿＿＿＿＿！"

你怎么填这个空？

沙拉？瑜伽课？或许是半个小时的冥想？我敢打赌，你说的一定是更放纵的东西，比如啤酒、一杯葡萄酒、比萨饼或芝士汉堡。这是为什么呢？严格来说，这些东西并不是生理上最佳的选择。然而，过去的经历证明，更放纵的选择可以平衡压力导致的情绪失调并让你感到满足。因此，一条决策路径就形成了。一种方法是优先考虑并强化各种感觉和偏见；另一种方法是你快速调动记忆并采取行动，不管它是否符合逻辑。

庆幸的是，在这个到处是客户的世界里，现代行为科学的进展可以帮助我们解读这些决策路径，并相应地调整销售行为。矩阵开始现身了！

## 决策的学问

2002 年，诺贝尔经济学奖得主丹尼尔·卡尼曼（Daniel Kahneman）在其畅销书《思考，快与慢》中概述了判断与决策的两套心理系统。系统 1 是"快速"系统，其特点是发自本能、自动的判断。做一个"2 + 2"的算式，转向突如其来的声音方向，或者晚上不要走在国外城市不明地方的黑暗小巷里，这些都是快速思考的例子。

系统 2 是缓慢且深思熟虑的。它更复杂，需要注意力高度集中才能调用。该系统负责在意识清醒、思维活跃的状态下做出决定。做出的决定除了基于逻辑和理性，还考虑到我们的个性。例如，填写税表、在操场上从一大群孩子中找出你的孩子，或者遇到配偶的老板时让自己的行为得体，都需要通过缓慢思考才能做出决定。

你可能认为是高度进化的系统 2 主宰了我们的思想和行为，但事实上是系统 1 支配着一切！这是因为我们的大脑喜欢走捷径——这些捷径可以帮助我们快速找到答案，保存脑力并保证我们的安全。系统 1 自动运行，好比一只欢快的吉娃娃跳到主人腿上，不断地为系统 2 提供建议。正如卡尼曼所描述的，这是一连串的印象、直觉、意图和感觉。系统 1 一直在疑惑："这可以吗？这正常吗？我要不要再深入考察一下？我这里要多加留意，还是已经可以了？"有时，系统 1 无法轻易找到想要的解决办法时，系统 2 就会被调用。例如，计算 2+2 根本不需费力，但如果让你计算更复杂的乘法，例如 $17 \times 23$，对大多数人来说，系统 1 根本无法胜任。

幸好，生活顺利，大部分时间不需要系统 2 介入。这种情况中，系统 2 只是简单地认可并采用系统 1 的建议，很少或根本不会进行干预。其实，系统 2 很懒，更喜欢静坐一旁，尽可能少花精力。经验和方法在系统 1 中日积月累，帮助我们更快地做出决策和判断。在某种程度上，这使我们的运作更有效率。然而，一个有趣的现象出现了。很多时候，系统 1 中的方法并不具备逻辑，也不符合科学真理。从本质上来讲，那个决定或行为已经越界了！最终形成的系统 1 很少被认为是有害或具有破坏性的。然而，它们确实根深蒂固，改变了我们用谨慎和注意力来审查所有决定的能力，这个决定可能是个人的决定或是工作上的决定。

例如，即便是路标上显示限速每小时 55 英里 [①]，你可能已经在熟悉的道路上以每小时 70 英里的速度安全行驶了数百次。第一次坐你车的乘客可能会提醒你限速牌上的速度，并让你减速。但很有可能，之后的行程你还是会回到你已习惯的速度。

刻板印象也是如此。根据定义，刻板印象很普遍，并且与事实不符。举个例子，想想"所有男人都喜欢看体育节目"这一刻板印象。确实，很多男人喜欢看体育节目，但肯定不是所有男人都喜欢。或者回顾第一章中的一个例子，大多数客户不喜欢与销售人员交流，因为他们觉得销售人员咄咄逼人、自私自利。是否所有的销售人员都咄咄逼人且自私自利呢？当然不是（我希望你是其中之一）。可是，这种普遍的观点建立在多年来固有的经历、案例和行为习性之上。系统 1 自动运行，永不停止，所以实际上它经常会带来有缺陷但又支配我们行为的感觉和决定。

这意味着当今购物从产品推广与调研到异议处理与协商，我们的大脑欺骗我们做出看似合乎逻辑的决定，实际上这些决定是由根深蒂固的情感和冲动促成的。这就是为什么在上一节的决策

---

① 英美制长度单位，1 英里 ≈ 1.6 公里。——编者注

审查练习中发现，大多数时候我们不会为自己和我们的企业做出"最佳"决策（"最佳"是指最合乎逻辑和统计上最有益的）。然而令人惊讶的是，在这些情形中，我们并不会为自己的决策感到难过或后悔。例如，面对一系列产品，购买最贵的或知名公司的产品可能会让我们感觉良好，即便是可能还有其他更适合我们的产品。

这也意味着，如果我们的目标是将更多潜在客户转化为摩擦小的客户，那么考察客户头脑中那些最普遍的、自发的决策途径就显得非常重要。由此，我们的销售行为就会与他们的消费方式保持一致。

## 抛开价值

乐汉堡餐厅位于拉斯维加斯大道上的巴黎酒店内，提供法式风味的汉堡，其菜单上有著名的 777 汉堡。用 777 美元的优惠价格你可以买到一块神户牛肉饼，配有培根、山羊奶酪、烤鹅肝、芝麻菜、缅因州龙虾、百年香醋和一瓶唐培里侬香槟王。人人都说，这样的配菜荒谬至极，不该存在，特别是餐厅还提供常见的14 美元的汉堡，价格比 777 汉堡便宜很多。

然而，777 汉堡确实存在，还真就有人购买。

这令人如此困惑，原因之一是在商界里，我们习惯期望每一项有价值的投资都能获得相应的、可衡量的财务收益。如果是这样，那 777 汉堡有多少可衡量的回报，让头脑正常的人都愿意订购？这一系列问题的缺陷都指向销售员在定位产品时犯的最大错误，他们将投资回报率（ROI）与价值混为一谈！

投资回报率是用来描述特定决策的货币效率。计算购买产品或服务的投资回报率，目的是直接衡量投资成本的回报。比方说，我在一个软件产品上投资 10000 美元，每年可节省 20000 美元，那么你会说这个产品有很高的投资回报率。类似价格的产品每年为我节省 1000 美元，投资回报率就很低。

客户和销售员通常喜欢讨论投资回报率，因为他们认为这种方式能确认购买决定是否可靠。销售员会跟客户分享这些最佳客户享有回报和利益的案例和数据，这些案例通常以节省成本或增加收入为中心。同时，客户忙于搞懂并验证销售方的投资回报率声明，以确定做出的购买决定是否合理。

但问题来了。上文提到，这实际上不是我们的消费方式！事实是，作为客户，我们都很重视与花钱购买产品和服务相关的所有东西。这些东西与我们从中获得的丰厚回报完全无关。

你不信？那想想你把辛苦赚来的、可自由支配的钱花在什么上面了。或许你喜欢在高档的餐厅用餐，喜欢玩电子游戏，或喜欢收集稀有邮票，也许你喜欢最新的科技小玩意儿，也许你更喜欢花钱旅行、听音乐会或观看艺术表演等。现在请告诉我，这些支出的投资回报率是多少？很难说！平心而论，我猜你认为这些投资确实有投资回报率，在某种程度上也是正确的。例如，刷信用卡购买有更多存储空间和更快处理器的最新智能手机，这可能会让工作更有效率。下雪的冬季去加勒比海游玩有助于减缓压力，从而提高创造力，延长寿命。可是，虽然客户肯定能看到高投资回报率产生的价值，但这些原因很少成为客户做出消费决策的主要动机。

你购买最新的智能手机，是因为你喜欢尝鲜新技术。你去巡游加勒比海，是因为你珍视与家人共度的时光，你也知道工作很忙很少陪伴家人。一些中年男性购买跑车，是因为他们喜欢显得年轻且可以耍帅。有些人购买人寿保险，是因为他们看重安全感，他们的家人如果发生什么事，可以有能力负担。事实上，促成这些决策的主要因素是与我们消费价值有关的主观感受，而不是客观的投资回报率。

为了帮助解读客户行为，消费者情报公司莫提斯塔（Motista）的研究人员发现了特定的"情感激励因素"，这些因素能让客户对公司产生潜在的亲和力。事实上，这些情感激励因素（代表价值）在促成关键的消费情感（如品牌知名度和客户满意度）方面，比其他任何指标都更具吸引力。尽管研究发现有数百种情感激励因素可以促成消费行为，但在所有的情感类别中，有 10 种情感激励因素显著提升了客户的价值。

### 10 种情感激励因素

| | |
|---|---|
| 脱颖而出 | 表现出独特的社会身份；被特别对待。 |
| 对未来充满信心 | 认为未来会更好；积极面对即将发生的事情。 |
| 享受健康 | 感觉生活达到了预期水平，那种想要的平衡也实现了；寻求无冲突、无威胁、无压力的状态。 |
| 自由感 | 独立行事，不受约束和限制。 |
| 激动感 | 体验发自内心的、难以抵抗的快感和激情；参加刺激有趣的活动。 |
| 归属感 | 与自己相关或渴望成为的人建立联系；感觉自己是群体的一部分。 |
| 保护环境 | 坚持认为环境是不可侵犯的；采取行动改善环境。 |
| 成为想成为的人 | 实现不断自我提升的愿望；不辜负理想中的自我形象。 |
| 安全感 | 相信他们今天拥有的东西你明天就会有；毫无顾虑地追求目标和梦想。 |
| 人生成功 | 认为他们的生活有意义；找到超越金钱或以经济价值衡量的价值。 |

研究人员举例解释说，一家大型银行推出信用卡，旨在连接千禧一代客户群的情感纽带。由于与客户的价值关联，该银行发现部分客户的使用率增加了 70%，新账户增加了 40%。在消费品领域，一家领先的家用清洁剂制造商，通过发布与情感紧密联系的产品信息，不仅扭转了市场份额下滑的局面，而且使市场份额在一年内实现了增长。一家全国服装零售商，将重点从客户体验转向情感关联的客户群，发现同一家店的销售额增长了三倍多。

出于这些原因，如果销售人员和公司想要推动增长，提高盈利能力，那么了解这些情感激励因素并在销售和营销活动中利用它们，就显得非常重要了。

## 逻辑与情感的交集

暂且不谈这些傲人的成绩，我们先看这句话：说起我们如何消费，我们做出决定是根据价值而不是投资回报率。这并不是说客观的投资回报率在我们的购买决策中不起作用，它肯定起作用，但它是通过一个你预料不到的方式起作用的。由于系统 1 和系统 2 的相互作用，加上大量的认知偏差，大脑的决策过程将主观价值置于客观投资回报率之前。

举例来说，假设经过多年的周密计划、预算和合理支出，你终于攒够了钱可以去梦寐以求的欧洲度假。计划中，你将前往巴黎的往返航班的预算严格控制在 800 美元，并且几个月前你就用这笔钱预订了机票。毕竟，大家都知道出发日越近，价格越高。你还注意到，前往巴黎的头等舱票价为 3800 美元。你知道头等舱很棒，但票价超出了预算。

可是，就在登机前几天，神奇的事发生了。你收到航空公司的电子邮件，他们给了你一个难得的机会，只需额外支付 600 美元就可以将经济舱升级为头等舱。你可以躺在床上，享受精致的床单、拖鞋、舒适的睡衣、美食、精选的葡萄酒和香槟，还有私人大屏幕电视和降噪耳机，所有这些都将为你的假期带来与众不同的旅行体验。

你会怎么办？毕竟，你没有预算额外的消费。但我们说的是飞往巴黎的头等舱，这可是一场漫长的跨大西洋飞行啊！

两套系统在你头脑中的交互运作可能如下所示：

**系统 1：**我想体验一下，国际航班头等舱听起来很棒！这绝对是一次超值的升级，会让旅行更加难忘。但比预算多出 600 美元。系统 2，你怎么看？

**系统 2：**是的，600 美元要比你的预算多，但我知道这正是你想要的。从技术上来讲，你可以旅行结束后更积极地存钱，也可以从你计划的度假活动中省几百美元出来，弥补一下。

系统 1：真的可以吗？这是我想听的！

系统 2：事实上，你最初预订航班的时候，头等舱要价 3800 美元。因此，全部算下来有 2400 美元的折扣，很划算，况且你喜欢划算的交易！

系统 1：听起来很有道理，不升级就太愚蠢了。升！

成功升级。

注意到发生什么了吗？系统 1 自动运行，非常强势。系统 2 有意调用，但其逻辑受系统 1 的偏见和作用的影响。系统 1 对升级非常兴奋，想要升级，它就会调用系统 2 的逻辑来证明其决策的合理性。但是这个逻辑有缺陷，还受到很强的认知偏差的影响。也就是说，以将来存钱的逻辑让客户现在高高兴兴花掉手头还没有的钱，就如同客户买到了有很大折扣但要支付更多费用的产品。事实上，在现代销售领域，许多客户更注重通过折扣拿到什么样的"好买卖"，而没有去考虑产品的实际费用。这些消费者通常被称为"爱占便宜的人"。

如果这些听起来很熟悉，戳中了我们的痛处，那请不要觉得尴尬。这就是你的消费方式！承认吧！实际上这也是我们大多数人的消费方式。

# 投资回报率的二元悖论

　　我的第三家创业公司早期有一个客户，是一家高速发展的大型软件公司的资深人力资源主管。她意识到，公司的年度绩效评估流程并没有为千禧一代的员工群体提供想要的持续反馈和指导。她看好我们提升员工敬业度和提高绩效的先进方法，热切希望与我们签约。我们只需要攻克一个难点，就是她公司的总经理。总经理是一位经验丰富的企业家，他发展并出售了许多产业。他是个精打细算的人，投资也很明智。根据这位主管的说法，想要赢得总经理的支持，必须起草一个无懈可击的商业方案。她向我们求助。

　　"太棒了！"我们想。假如我们能为长期存在的企业流程（年度绩效评估）提供创新性的替代方案，我们确信会有越来越多的公司及其总经理制订以投资回报率为导向的商业方案。因此，我们决定利用这个机会制作一个精确计算投资回报率的电子表格，以及一个表格配套文档，给商机标注颜色和背景。此方案清晰明了，有吸引力，分析全面彻底。我们确信在方案上投入的时间和资源终会得到回报。

　　我们上网搜索了能证明我们产品价值的研究、资料和行业数据，精心制作了一份长达数页的配套文件，清楚自信地将方案讲明白。我们还通过与客户代表确认数据，来认真校准投资回报率模型。的确，我们制订的方案十分完美，如同一个闪闪发光的方尖碑！你知道吗，最终总经理同意采购，我们拿下了这笔生意。但奇怪的是，我们胜利与否与方案的实质性内容无关。

尽管这个案子是可靠的，但我们对投资回报率的分析、研究、逻辑和假设并非无可指责。相反，是我们在做方案时表现出来的信心和信念赢得了总经理的青睐。从本质上来说我们也赢了，因为这个方法让总经理愿意和我们合作。正如我们看到的，我们也是以相同方式买东西的。

你瞧，我们大脑中最原始的主要目标是保护自己，做出确保自身安全、避免痛苦和危险的决定。面对庞大的投资回报率计算和业务方案，即便是高级业务领导的决策路径也是如此。它们是二元对立的，不成功则成仁。换言之，所有的数据、设想、成本、复杂性分析、证据和定位都归结到一个因素上：客户的感觉如何？如果做完所有这些工作后，客户系统 1 中的决策过程确认与你合作是最保险的决定（请记住，客户很少购买客观上的"最佳"产品），那么你就拿下了这单业务。不然的话，你要么面对失败，要么面临更多的异议和质疑。而最终结果的成功或失败，恰好验证了你的方案是否适合客户。如果其中一处或多处让客户失望，客户的投资信心就会削弱。

为了进一步阐明，总经理大脑中的两个系统的互动或许是这样：

**系统 1**：我不喜欢买东西，除非它们有经济价值。嘿，系统

2，这些数字有意义吗？

系统 2：嗯，看来这个供应商已经做了调查。他们引用的数据似乎来源可靠，还和我们的领导交流过，并制作了一份相当庞大的电子表格和文档，其中包含我们公司业务的指标和设想。

系统 1：我们之前被不做准备的供应商给骗了，这家听起来还不错！他们提议的投资回报周期合理吗？

系统 2：多少有点合理。他们说在 8 个月内我们应该能看到投资回报率。那可能有点冒进，不过，即便是 16 个月也没关系。

系统 1：通过！

在接下来的 6 年里，我们向数百个类似的客户销售了几乎相同的产品。你知道这些令人惊叹的投资回报率工具被重复使用了多少次吗？就一次！虽然此方案的研究、数据和证据都很合理，但在第一次经历后，我们的团队始终能用具有深远影响、令人信服的叙述，对新客户表现出信心和信念。

需要明确的是，我并不是说投资回报率统计数据和商业方案在现代销售中的作用已经沦落到装点门面的水平。严谨阐释、捍卫你产品的商业价值当然很重要。这也是许多大公司对购买流程的严格要求。不过，更重要的是要认识到此类工具的首要作用在于让人相信、给人信心和信念，而不是对回报的硬性承诺。这就是为什么客户要认真将方案看作衡量的标准和合理的参考。如果他们不这样做，系统 2 将向系统 1 反馈"无效"的判断，你的销售周期将停滞不前。

第五章将要讨论如何详述我们的信息。要打破客户的惯性，信念或许是最具有说服力的。

## 关于投资回报率的说明：避免"只有一个……"式商业方案

许多供应商都会这样想：如果客户可以简单地实现一个投资回报，那这个产品对客户来说就是值得的。比方说，为了证明购买他们的产品是合理的，供应商可能会说："如果我们的方案——

- 可以为你找到一名优秀的新员工；
- 可以防止员工辞职；
- 可以为你带来一位新客户；
- 可以避免一位用户取消订阅；
- 可以减少一次欺诈事件……

那就是值得的。"

这个想法简化了方案的严谨性和变量，归结到某一个点上，以便于客户理解。这不费吹灰之力。

这个方法似乎很不错，因为我们都知道人们喜欢走捷径。问题是，虽然观点合理，但为了达到预期效果，需要客户相信它。可惜，这么多供应商的理由笼统地说只有一个，因此你的方案就会被同质化的观点淹没，很难脱颖而出。换句话说，你客户的系统 1 会立即做出反应，说"我以前听说过"，甚至更糟，"这听起来好得令人难以置信"。

　　如果你希望你的方案能脱颖而出，对客户有显著影响，请让他们接受设想和变量，而不仅仅是结果。虽然不需要输入复杂或繁多的内容，但它们应该易于理解、严谨且具有防御性，以快速获得系统 2 的认可。

## 投资回报率悖论的历史性考量

　　有意思的是，投资回报率的二元悖论容易受到内在的历史影响。因为随着时间的推移，价值路径会深深地刻在社会集体的系统 1 中。想想 30 年到 60 年前的销售黄金时代，在计算机和互联网出现之前，客户互动的本质与现在大相径庭。销售人员只带着一个名片盒、产品目录和订货单就开始了销售，电话则是远程互动的主要渠道。几乎每个销售员的办公桌上都有一部固定电话，他们还期望公司将其作为基础技术设备。

　　后来，20 世纪 80 年代后期至 90 年代，手机流行起来，需要公司做出决定——除了座机，我们是否应该为我们的销售人员提供手机，还是两者都没必要？有人提出销售人员是否需要手机才能有效工作，这让许多财务部门就其投资回报率展开激烈讨论。我们应该购置手机吗？如果要购置，哪些员工有需求？是行政管理人员、领导，还是一线销售员？

　　2000 年年初，也出现了同样的问题。当时加拿大的科技公司"移动研究公司"（Research in Motion）推出了第一款黑莓手机。有史以来第一次，这些手机可以让商业用户随时随地访问电子邮件和产品应用程序。公司不得不重新衡量这些手机的价值，决定要不要、如何以及向谁普及这些工具。然而，现在如果你询问首席财务官那些静静放置在办公室办公桌上的电话投资回报率，他们会认为你脑子有毛病。

回到今天。世界上 67% 的人有手机，美国全功能智能手机的普及率约为 72%（那些直接面向客户的企业，可能 100% 全覆盖）。现在许多公司为一线销售员提供智能手机，或者每月报销电话费，因为他们一开始就意识到了现代技术的价值。尽管有些公司想确保他们投入移动技术上的费用是明智的，但很少有公司像 10 年或 20 年前那样严格通过投资回报率的计算来管理这些费用。与此同时，座机迅速从整个企业界的办公桌上消失，取而代之的是软件电话或移动电话。

的确，社会集体智慧是随着时间的变化而变化的。投资方面，我们对"正常"的理解也在变化。那些过去可能受到严格审查的东西现在可以顺利通过审查。

## 勤于小事

真正令人惊讶的是，潜在客户转化为真正客户的过程中，即便是销售活动中看似无关紧要的小事，也能激发那种信念和安全感。

　　我清楚地记得我第一次创业时一个情感战胜物质的力证。当时我们是一家高速增长的软件公司，产品目标是协助跟踪员工的工作时间和日程安排。我率领的一个销售专家团队负责在销售周期内满足客户的所有功能性、技术性需求及与产品相关的需求。有一次，我们正与世界上最大的一家纸张制造商洽谈。在采购决策的最后，他们的信息技术部门想要我们的产品与其后台企业资源规划（ERP）集成系统。我们的产品虽然已经与类似的系统集成，也绝对可以胜任这项任务，但尚未跟这个特定的系统集成过。我们知道大公司的信息技术部门通常不愿承担风险，我们不想给他们留下我们对企业资源规划系统不熟悉的印象。因此，当客户问是否能与他们的企业资源规划系统集成时，我们说可以。

　　当然，我们也解释道，不同的客户对如何实现这些集成有不同的需求。因此，为了让交易和对话顺利进行（没有提及是为了争取时间制订计划），我们询问客户是否愿意让他们的系统集成团队一周内与我们见面，以敲定细节。我们还说会提前给他们发送一份文件，概述集成算法如何在企业资源规划系统中运算的技术规范，我们会在电话里一起讨论。他们似乎对此很满意，同意了。

　　那时，我和我的团队负责这项工作！我们与自己的技术团队商议，回顾了其他客户和系统的集成方法，合并了两个系统间关键区如何映射和协调的示意图。从那时起，我们开始起草一份包含集成运行技术和功能细节的文件。长达 35 页的资料，内容丰富、打磨细致、编排清晰，含有客户可能想了解我们方法的所有信息。大家都知道这是最后一步，都在为电话会议认真准备，不想留下遗憾。我们安排了所有技术人员加入电话会议，以解答客户的疑问，确保一次性搞定这笔交易。最后，大约在约定时间前一个小时通过电子邮件将文档发送给了客户。

我们接通电话，客套了一番后，询问客户是否看了我们发送的内容。他们回答："我们看过了。哇！35 页！"电话会议又持续了大约 10 分钟，我们回答了他们一些高级别但又无关紧要的问题。毫无疑问，文档的内容是没问题的，但正是对它的润色和细节传达了客户所追求的信赖（就像前文提到的投资回报率案例研究）。我们最终拿下了这笔交易。

了解那些决定购买的、微不足道的途径很重要。掌握了这些，我们可以轻松调整销售活动，用同理心和人性化方式将潜在客户有效地转化为真正的客户。没有它，我们注定要重复使用那些不怎么开明的销售前辈留下的过时、高阻力的策略。

在客户关注度争夺战中，情感胜过产品，了解了这一点后，我们来看一个更复杂的例子，解析情感如何在我们的客户身上体现，我们又如何将其应用在我们的销售中。下一章我们将探讨痛苦、收获、风险、拥护和客户体验的作用。

# 第四章

# 4

购买体验和

感受

# 痛并快乐

　　我有 3 个孩子。当然，我成为父亲后了解的知名品牌就有迪士尼。历史上很少有公司将魔法和奇迹当作自己品牌的基石，更不用说将这些元素融入整个公司的运营中了。除了电影，主题公园是迪士尼品牌的一大支柱，其收入约占公司总收入的三分之一。该收入来自迪士尼全球 6 个度假村的 12 个公园，其中佛罗里达州奥兰多的华特迪士尼（又名迪士尼世界魔幻王国）是世界上最大的主题公园。

　　迪士尼乐园占地 27258 英亩 ①，是曼哈顿的两倍。曾经有一位迪士尼员工告诉我，迪士尼乐园（最初于 1955 年在加利福尼亚

---

① 英美制面积单位，1 英亩 ≈ 4047 平方米。——编者注

开园的主题公园）比迪士尼世界魔幻王国的停车场还要小！

迪士尼实际上是美国最大的单一雇主，拥有接近 7 万名员工（或如迪士尼所说的"剧组成员"），他们遍布整个度假村，以确保每年 5500 万名游客有个难忘的时刻。每年，迪士尼世界都要供应 1000 万个汉堡包、600 万个热狗、900 万磅炸薯条、30 万磅爆米花和 160 万只火鸡腿。平均每天有 25 万名游客通过公司运营的 486 辆巴士、12 辆单轨列车和一支水上快艇队组成的交通系统往返于迪士尼乐园的各个酒店、公园和景点。

小时候，我很高兴能与父母和兄弟姐妹一起去迪士尼世界游玩。住好玩的酒店、参观景点、欣赏奇观，这一切就是一种刺激。现在轮到我向我的孩子介绍魔幻世界了。

2013 年 1 月，我和孩子们去迪士尼乐园游玩，当时他们分别是 7 岁、4 岁和 7 个月。我们筹备了好几个月，当他们融入各种角色及灰姑娘城堡中时，我迫不及待地想看到他们笑开花的脸。浏览了网上的图片和视频后，他们对迪士尼在美国大街上举行的难忘的每日游行感到特别兴奋。

这一刻终于到了！开启旅程后，我们在魔幻王国度过了既繁忙又美妙的一天。忙碌了一上午后，我们决定提前 30 分钟在游行路线上占据一个观赏的绝佳位置。提前到达意味着推迟午餐，还意味着我们要顶着佛罗里达炎热的太阳耐心等待游行开始，孩子们慢慢开始变得不耐烦。离游行大约还有 7 分钟，孩子们快到了崩溃的边缘，妻子向他们大喊："谁想让爸爸去买冰激凌？"没有孩子会拒绝吃甜点，孩子们很快就接受了这个提议。

妻子为我们争取到了宝贵的几分钟，我迅速行动，直奔冰激凌店。冰激凌店在街对面，正常步行只需要一分钟到达，但不幸的是，此时游行人群已经密密麻麻，我要努力穿过兴奋的人群才能到达街对面。我现在才发现，游玩迪士尼的妈妈们似乎有一种奇怪的集体智慧。这个地方挤满了人！我尽可能耐心地排队，每20秒钟看一次手表。我意识到这一天（也许是旅游本身）的全部乐趣都取决于冰激凌。我在只剩下几秒钟的时候抢到了冰激凌，近乎慢动作似的左躲右闪穿过人群，小心翼翼地端着冰激凌。

与家人会合后，佛罗里达的高温让冰激凌有些许融化，但我还是被称赞为度假英雄（作为父亲，即便是小胜利，你也要享受）。一切都很完美！然而，可怕的事情发生了。

游行开始，音乐响起，花车经过，我那个4岁的孩子只舔了两下，冰激凌就从蛋筒上掉了！它从甜甜的冰激凌筒上掉下来那一刻，我几乎能感觉到魔力正在消失。当它撞上温暖的人行道时，我女儿开始认清现实，就像童年股市的崩溃一样。她瞬间号啕大哭，一下剥夺了我最佳老爸的资格。

魔法和欢乐随着冰激凌的掉落而消散，但又很快恢复了原样！差不多3.5秒钟后，一位迪士尼演员像一位神圣的使者一样，向我们致意。他说："太糟了！我看到了整件事，对此感到很遗憾。先生，我能给你女儿换个冰激凌吗？"我简直不敢相信，高兴至极。我唯一能想到的话："哦，哇，真的吗？"演员回答："是的，先生。绝对没问题。我们经常做这种事！"冰激凌很快换成新的。从那时起，我们一整天的轨迹都改变了。但事情并没有就此结束。

漫长、疲惫但又神奇的一天后，我们正在等 486 辆迪士尼巴士中的一辆，载我们回酒店。我们最小的孩子和 4 岁的孩子在各自的婴儿车里睡着了，而 7 岁的孩子显然处于过度兴奋又疲劳的状态。一位年长的迪士尼演员，身穿橙色反光安全背心，在乘车区指挥交通，他意识到了即将发生的事。他走到 7 岁孩子身边跪下，手伸进口袋拿出几个印有迪士尼公主图像的彩色塑料戒指。他问："你想要一枚吗？"我女儿的心情瞬间好转！就在她挑选她最喜欢的戒指的时候，男人笑容满面。他又问道："也许你可以为你妹妹挑一枚，她醒了送给她？"就在那一刻，我决定终生支持迪士尼。

那天真正的魔力不在于形形色色的人物角色、令人惊叹的游乐设施，甚至不在于游行或烟花，而在于每个演员对一件事的坚定承诺。

那就是我们的体验。

你看到了，迪士尼公司明白，即便是最小的问题也能把一个神奇的、千载难逢的一天变成一场彻头彻尾的灾难。如果你的汽车突然熄火，迪士尼会免费为你充电，或者帮你拖到一个服务中心，尽可能减少这种不幸带来的不快。迪士尼世界里所有的垃圾箱都从底部清空，垃圾倒入地下秘密隧道中，这样游客就不会看到垃圾遍地，令人反胃。当然，如果我的孩子在游行期间甚至是在回家的路上发脾气，会影响我对度假和这一品牌的总体看法。虽然免费更换的冰激凌和塑料戒指会让公司亏本，但迪士尼清楚这是一项值得的投资，这是为沉浸在公园中花掉来之不易的数千美元的忠实客户提供的一份保险单。

迪士尼早就看到了某些东西，这是许多新产品、服务和以产品为中心的公司所没有看到的。不管你卖什么，或卖给谁，客户对产品的体验就是你的产品。

## 体验即产品

迪士尼并不是唯一一家坚持关注客户体验的公司。亚马逊、保时捷、西南航空和网飞等公司都非常重视客户体验，这证明客户和品牌之间建立强大的亲和力不仅仅限于出售优质品或奢侈品的公司。

有一个广为人知的故事，扎兹·拉玛打算把在网上零售商美捷步（Zappos）购买的鞋子退货。那时她的母亲刚过世，退货并不是头等大事。美捷步就退货一事给她留言，拉玛简单回复说，她的母亲刚过世，她会尽快处理。对于美捷步来说，在这种情况下延长退货期，就已经是很好的服务态度了。然而，美捷步公司不仅安排联合快递公司（UPS）来取鞋，还送了漂亮的鲜花附带一张字条，对拉玛妈妈的去世表示同情。看到字条的拉玛泪流满面，美捷步赢得的不只是一位客户，还是一位对生活充满感情的支持者。

再看苹果 iPad 这样的商品。成千上万的 iPad 从同一条生产线上生产出来，然后由不同的零售商销售。但如果让你选择去当地的苹果专卖店或者大型电子商城购买，你会选择哪一个？

如果你说是苹果专卖店，那么就不止你一个人了。虽然这两个地方的价格和产品完全相同，但苹果专卖店给消费者的体验则完全不同。

"苹果专卖店很酷。"

"员工更友好，对他们的产品真的很了解。"

"他们耐心回答我所有的问题。"

"我喜欢提着那个白色的包走出商店。"

但体验并不止于此。假设你将苹果 iPad 带回家后，在设置时遇到了一些问题。你拨打苹果专线，即可连通售后服务团队的工作人员。如果非要你等 40 分钟，然后和一个粗鲁又不能解决问题的人通话，你对这种体验的看法会改变吗？绝对会变！麦肯锡咨询公司的研究将客户体验描述为客户与你之间的一段旅程——久而久之，多层面的接触所累积起来的印象，会产生真正的关系感，或者缺乏这种感觉。从考虑到购买，从支持到续订，每一个环节的体验都至关重要。

为什么最好的公司花大量的时间和精力为客户打造舒适的体验？因为情感来自体验。情感是占有客户心理、留住客户和塑造品牌亲和力的有力武器，因为它们隶属系统 1——头脑中自动运行的那部分。这意味着情感被你的大脑迅速内化、理解和吸收，比逻辑思维还快。看这个例子：

想想你爱的人。

很可能，你读到这句话时，脑海中会蹦出一个与你有着深厚感情的人。也许是父母、配偶、孩子、朋友、宠物或亲戚。脑海中的形象快速、清晰，甚至身体可能产生反应，比如微笑。现在问题来了：

你怎么知道你爱他们？

当你为自己的感受努力寻找合乎逻辑的解释和证据时，你可能会更加困惑。这种逻辑也许不是你常用的，甚至以前也从未这样想过（这个例子很好地说明了为什么在客户调研期间提出发人深省的问题如此重要，第六章我们将深入探讨）。

试试这个练习。拿出你的手机，看看上面所有的应用程序。如果有很多，也不要担心。研究表明，普通用户每月访问 30 多个应用程序。现在问问自己，喜欢哪些应用程序？和以前一样，确定你喜爱的应用程序就是一项快速练习。搞清楚你为什么如此喜爱它们，可能需要很长的时间。但就像前面的案例一样，我敢打赌，你对某些应用程序的热爱源自它们给你的体验。例如，你可能喜欢某个拼车软件，因为你只需打开它，告诉它你想去哪里，一辆汽车就会神奇地来接你并将你带到你想去的地方，实现无现金、无冲突交易。或者，你可能喜欢星巴克应用程序，因为只需轻点几下，就可以在上班途中大摇大摆地走进喜欢的店里，不用排队，拿到已经准备好的拿铁咖啡。

对客户来说，情感和体验之间的联系是明确的，正如体验和产品之间的关系。对销售员来说，也很简单：如果我们的目标是让更多当下的客户信任我们的产品，我们应该将更多的情感投放到我们的销售活动中。有很多方法可以将情感投入我们销售活动的各个环节——从对产品和方案的描述到处理客户的异议。但在深入研究这些更有战术性的方法之前，让我们探寻一些有关如何利用销售周期中的情感的简单方法。

## 倾听的力量

利用情感的巨大转化力的最简单、最有力的方法之一可能会让你大吃一惊。赛富时 2018 年的营销报告中，要求销售人员评估，哪些销售经验对他们将潜在客户转化为真实客户的能力发挥了极端或实质性的影响。哪项技能高居榜首？那就是倾听。
而对于"展示投资回报率"排在第 10 位这一结果，经过第三章
的讨论，你就不会感到意外。

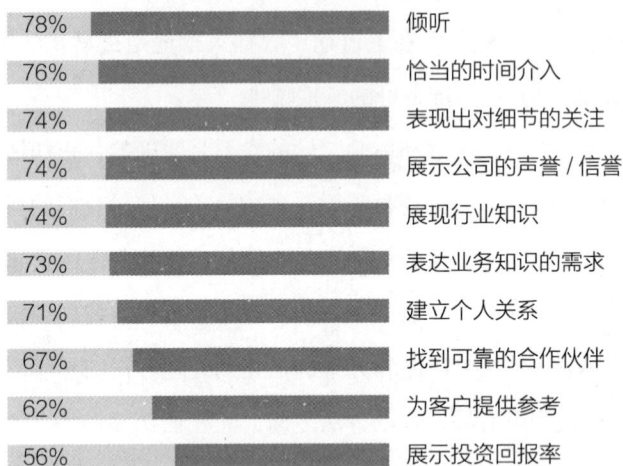

| 78% | 倾听 |
| 76% | 恰当的时间介入 |
| 74% | 表现出对细节的关注 |
| 74% | 展示公司的声誉 / 信誉 |
| 74% | 展现行业知识 |
| 73% | 表达业务知识的需求 |
| 71% | 建立个人关系 |
| 67% | 找到可靠的合作伙伴 |
| 62% | 为客户提供参考 |
| 56% | 展示投资回报率 |

那么客户和销售到底在如此强大的倾听行为中发现了什么？

在广受欢迎的 TED 演讲"聆听的力量"中，畅销书《内向谈
判力》的作者威廉·尤里（William Ury）总结了倾听力量的三大
原理。

**理解**　现在的销售就是如何"打动人"——换言之，就是将
别人的思维方式转换成你的思维方式。问题是，如果你不知道他
今天想了些什么，你就无法改变他的想法。倾听是从理解别人的
观点开始的。第六章我们将进一步讨论如何调整销售调研行为，

了解客户的观点也很重要，因为这可以帮助你确定产品是否适合客户。

**沟通**　我们在第一章提过，大多数人都不喜欢与销售人员交流。也就是说，当我们是销售方时，最大的挑战是与客户建立起信誉和信任。客户不愿意公开他们最私密的问题，这可以理解，但如此想要帮助他们就变得十分困难。然而，倾听是人类的一项基本技能，可以帮助我们与他人建立融洽和信任的关系。我们用心去倾听，与客户联系更紧密，他们会更愿意分享丰富的细节内容。

**互惠**　在社会心理学背景下，互惠是对一种积极的姿态、动作或行为做出具有相似情感的回应，本质上就是用自己的善行回报他人。当我们认真倾听，并表现出对倾诉方的感受和要说的话感兴趣时，会使他们对我们产生好感。甚至效果好到可以激发他们的互惠意识，对我们的关注和善意有些许感激。反过来，这也会让他们更愿意倾听我们要说的话。

有效的倾听不只是使人感觉良好，还有可量化的销售业绩！

在研究了 25000 多个销售电话后，Gong.io 的研究人员发表的一项研究表明，在销售中"说—听"的转换率最高。他们发现了什么？业绩领先的销售员在与客户通电话中只花 46% 的时间讲话，而业绩差的 20% 的销售员则花 72% 的时间讲话。

倾听也是团队获取高绩效的关键因素。其实，耶路撒冷希伯来大学的研究人员最近的一项研究也发现，善于倾听的管理者被认为是更好的领导者，与团队成员之间的信任更多，工作满意度更高，团队创造力更强。

但是，对我们大多数人来说，倾听很难。

销售人员和领导者习惯于说，热情地向客户介绍我们的产品和信念。实质上，许多销售员将销售活动视为单方面的言说或推销，而不是倾听。其实倾听和任何其他技能一样，需要有意识地练习。

## 六个简单的倾听技巧

这里有六个简单的倾听技巧，不仅可以在与客户的对话中练习良好的倾听能力，还可以通过向客户展示你的关注度来提升客户体验。

**少说**　说起来容易，但有时做起来很难。如果你正在说话，或者准备打断对方，你就根本无法倾听。该怎么办？那就闭嘴，听客户说。

**眼神交流**　人的大部分交流都是非语言的，所以注视对方是明确表现注意力的最佳方式。即便是在视频通话，客户也经常可以判断（通过你的眼睛是否四处游移），你是在看屏幕上的他们，还是心不在焉。要凝视！（但要注意眼神和蔼友好，而不是让人毛骨悚然。）

**用好视觉 / 听觉信号**　微笑、点头和沉思都是传达理解和认可的好方法。即使是偶尔的"是"或"嗯"这样简单回应，也可以向客户表明你在倾听。

**记笔记**　记笔记不仅可以帮助你记住关键信息，还可以向客户表明你对他们的意见很感兴趣，都用笔记下来了。但是，如果他们看不到你在做笔记，比如在电话或视频通话中该怎么办？没问题。告诉他们你在记笔记！等你的客户说完一些事情之后，你只需稍作停顿，并说"我正在写下来"，便有同样的效果。

**概括**　没有什么比重复或总结客户分享的见解更能说明你对细节的高度关注了。重复和总结之前对话中的见解尤为重要。为了产生更大的影响，直接引用他们的原话，并以"我听到你说的是……"开始。复述某人的原话是一种强大、经过科学验证的说服技巧（第七章我们将更详细地讨论这种策略，因为它与处理客户异议有关）。

**提出优质的后续问题**　客户回答你的问题时，不要说"太棒了"或"太好了"，请继续下一个问题。问一些棘手的后续问题，比如"请多给我讲讲那个吧""能给我举个例子吗"或者"这种情况持续多久了"……这些都是向客户表达你对他的观点感兴趣、留下深刻印象的好方法。实际上，在解决客户异议方面，Gong.io 的一项研究发现，优异的销售员提出后续问题的情况有 54%，而一般员工只有 31%。

说到底，谈到现代销售技巧，倾听很简单，也非常重要，但也很难掌握。加强这方面的练习，就会对你转化客户的能力产生很大影响。

# 群众的智慧

　　本着学习以买进的方式卖出的精神，我们再来讨论下自己的购买行为。假设你决定购买商品，也许是一台新电视机，也许是下一次家庭度假胜地，甚至是庆祝特殊时刻的理想餐厅订餐。这个世界充斥着客户难以理解的大量促销信息，以及数不胜数的产品选择，你会怎么做？大多数情况下，你的第一反应是搜索产品、服务或相关问题，然后看看会出现什么。

　　如果你和大多数人一样，想让自己辛苦赚来的钱花得很值，这意味着你要从可靠的来源中寻找信息和评论。为什么？记住，我们不会常买到客观上对我们来说"最好"的产品和服务，但我们总会快速做出满足我们情感、符合我们兴趣的购买决策。我们在消费时，寻求的是安全感和确定感。虽然我们做出的决定不总是最好的，但我们仍然希望是最好的。因此，在网上搜索到数百条信息时，我们应重视哪些信息？经销商和供应商？分析师？记者？名人？为了更深入地探究这个问题，让我们从客户信任的一项开创性研究开始——爱德曼信任度晴雨表。

　　"爱德曼信任度晴雨表"是一项年度全球信任调查，收集了来自28个不同国家和地区的3.3万多名受访者的意见，用于评估对企业、政府、非政府组织和媒体的信任状况。该研究的其中一项是关于公司信息来源的相对可信度。与上一年的调查相比，2019 年信任度大幅上涨，榜首有一个大家熟悉的来源——"普通客户"。事实上，普通客户的情感甚至比来自行业分析师、记者、企业家和政府官员等官方消息更重要。

但是，涉及个人生活中"企业对消费者"（B2C）消费决策时，尽管以同行为导向的路径可能很常见，但你也会惊讶地发现，同样的原则也适用于"企业对企业"的业务。根据 2018 年赛富时公司对联网客户情况的研究报告，82% 的企业客户希望获得与个人购买相同的体验；72% 的企业客户希望供应商根据他们的需求提供个性化的购买体验；67% 的人则表示，他们更换供应商是为了获得更像个体消费者的购买体验。虽然寻求普通客户的意见和观点可能会带来更加个性化和熟悉的购买体验，但更让人感到惊讶的是这些可靠的信息来源对转化率的影响。

赛富时对"企业对企业"销售周期的调查数据表明，转化潜在客户方面，客户和员工的推荐促成交易的比例是通过电子邮件营销的 50 倍！

**对话促成交易率**

1. 促销清单　　8. 营销与广告
2. 事件　　9. 实际销售额
3. 电子邮件　　10. 付费研究
4. 领英　　11. 其他
5. 在线会议　　12. 脸书、推特或其他社交媒体
6. 合作伙伴　　13. 网站
7. 商展　　14. 客户与员工的推荐

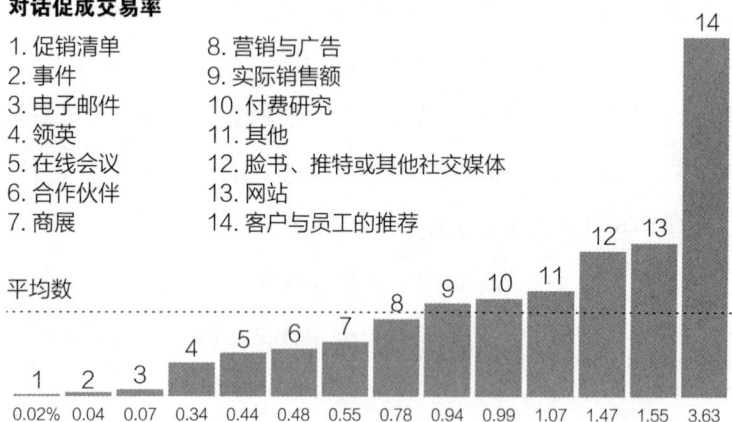

平均数

| | 1 | 2 | 3 | 4 | 5 | 6 | 7 | 8 | 9 | 10 | 11 | 12 | 13 | 14 |

0.02%　0.04　0.07　0.34　0.44　0.48　0.55　0.78　0.94　0.99　1.07　1.47　1.55　3.63

此外，来自营销自动化巨头 Marketo[①] 的数据显示，推荐产生的客户转化率是平均水平的 4 倍，约为其后三个最高客户转化率的总和（合伙人、入站客户和付费营销产生的潜在客户）。

| 通向标准化的渠道 | 转化率（收购） | 转化率（正常化） |
|---|---|---|
| 销售前景 | 0.90% | 0.31% |
| 电子邮件 | 0.55% | 0.19% |
| 入站 | 3.82% | 1.30% |
| 事项 | 1.48% | 0.50% |
| 付费营销 | 2.98% | 1.01% |

① 一家美国软件公司，总部位于加利福尼亚的圣马特奥市，开发营销自动化软件。2018 年，被奥多比（Adobe）公司收购。——译者注

续表

| 通向标准化的渠道 | 转化率<br>（收购） | 转化率<br>（正常化） |
|---|---|---|
| 网络研讨会 | 1.61% | 0.55% |
| 孵化 | 0.58% | 0.20% |
| 推荐 | 10.99% | 3.74% |
| 合伙人 | 4.54% | 1.54% |
| 社交媒体 | 1.95% | 0.66% |

多年来，我的个人经验有力地证实了这些统计数据。例如，我开创自己的销售公司脑力推销（Cerebral Selling）[①] 时，需要设计一个标志。当时，我朋友为自己的公司设计了一个漂亮的标志，我问他是谁设计的。我也按照他告诉我的做了，无须进一步研究或调查。

不久后，我想和妻子去安大略湖美丽的尼亚加拉葡萄酒产区庆祝周年纪念日。我不知道住哪里、去哪家餐厅吃饭，我没有上网搜寻相关评论，而是询问了当地一个经营葡萄园的朋友。按照他的推荐我预订了要去的地方。无须多问。

有没有更好的住宿和吃饭的地方？可能有。有没有其他创意设计店能够设计出同样吸引人的标志？很有可能。我在乎吗？毫不在乎！我喜欢我的标志，我也喜欢周年纪念郊游，还因可靠朋

① 脑力推销是基于科技和同理心的现代销售培训。——译者注

友的推荐而做出的决定感到安心。这两种体验在第二章中都有提及，是规定型销售行为的典型案例。

这意味着，转化潜在客户最不露痕迹、最打动人和最可靠的方式之一是确保他们身边有志同道合、喜欢你的客户。

想不想了解你或者你的公司在这方面的表现？做个简单测试。上谷歌（或者你最喜欢的搜索引擎），输入"［您的公司／产品名称］评论"，查看显示的内容。有没有在可靠的评论网站上看到相关推荐？也许玻璃门（Glassdoor）[①] 的评论凸显了你的创新文化？在客户参与成为新营销方式的今天，企业需要动员他们的拥护者，以产生社会证明和高意向性线索，从而实现更高速度的转化。

## 投资回报率和支持之间的关系

回到投资回报率的二元悖论上，第三章中我断言投资回报率常带有主观色彩。相信任何投资回报率计算模型都是一个二元决策：是基于客户是否信任并接受其背后有效性、合理性和严谨性的事实。如果客户同意买进，无论该模型的客观事实如何，都是因为他们的系统 1 提供了必要的信心和信念来支持买进。这正是同行认可和客户支持可以发挥巨大作用的地方。客户初次购买产品如此，客户续订产品亦是如此。

---

① 美国一家企业点评和招聘平台。——译者注

伊芙是一家高速发展的创业公司的销售副总，负责财务工作。她正与执行团队开会，这是季度性业务审核工作的一部分。讨论了核心指标后，话题转向了对他们技术堆栈的投资。她说："财务总监又要大肆缩减成本了，确保充分利用已经买了的工具，"接着又问，"帮我们缩短回应新客户时间的系统……上个季度效果如何？"

其中一名经理说："一切顺利，我们的业务发展代表说很管用。"

"太好了，"伊芙继续说，"那我们购买的协助团队撰写电子邮件的人工智能写作工具怎么样？它应该能提高转化率。效果如何？"

团队成员面面相觑，其中一位回答道："个别人在用，但并没有大的起色。"

伊芙回答："既然不太好，那我们就不再订购了。"

这个结果就是有关投资回报率和价值的二元决策，是缺乏信心和信念造成的。这对我们大多数人来说，似乎是一个明智的决定。

但是，如果其中一名团队成员否认产品的价值时，另外一名成员插嘴说：

● "确实是这样，使用率很低。但我从其他同类型公司的朋友那里听说，他们发现这个产品对客户转化率影响巨大。也许产品很好，只是我们的方式不对？"

● "奇怪了。这个平台被评为竞品中的最佳产品。在像 G2 等网站上一些知名公司对这个产品的评价非常好。在放弃之前，应该对比看看我们的做法与他们的有何不同。"

●"真的吗？我的前任老板销售副总裁玛雅说使用它很多年了，效果很好。"

听到这类信息，你身上的系统 2 可能会遭遇一些认同危机，鼓励系统 1 重新审视，保留产品供应商，避免过早取消订购。再强调一下，尽管这些意见听起来极其吸引人，对你的产品或服务非常有利，但它们植根于感受和体验，而不是冷冰冰的数字。

需要明确的是，支持并不是万能药，它不能挽救廉价产品或四处宣扬虚假价值。最后，你的客户需要相信，拥有你的产品总比没有好。然而，在这个产品数量爆炸式增长、投资回报率悖论依然存在的世界里，培养和动员支持你的客户群体，可能是一种极具保护意识的策略。

## 不卖产品，卖问题

我职业生涯的大部分时间都在新成立的、快速发展的技术创业公司度过，有人可能认为这些公司早期是有风险的。我通常是个不愿承担风险、很少赌运气的人。不要误会我的意思，我当然很欣赏精心计算的赌注，也很乐意拿走我应得的钱。这些活动虽然有风险，但能产生即时的经济效益，这正是吸引这么多人的原因。但我无法接受用这样的方式花掉我辛苦赚来的钱，这种可能性也确实存在。显然，不仅我一个人这样！

1979 年，心理学家阿莫斯·特沃斯基（Amos Tversky）和丹尼尔·卡尼曼构建了一种被称为前景理论的行为模型，其中有一个概念叫损失规避（loss aversion）。简而言之，损失的恐惧大过收益的激情。假如，我和你抛硬币赌博。若硬币正面朝上，我给你 100 美元；但硬币正面朝下，你必须给我一样多的钱。你敢赌吗？大多数人不敢。赢得 100 美元听起来很诱人，但轻易失去 100 美元确实也会给大多数人很强的冲击。但是，假如硬币正面朝上，我给你 150 美元，而正面朝下只有 100 美元的罚金。那你敢赌吗？根据特沃斯基和卡尼曼的研究，大多数人仍然不敢！虽然你身体中的系统 2 的逻辑运算告诉你，赌注的好处大于坏处，但系统 1 产生的恐惧心理会阻止你鼓起勇气继续玩下去。确实，损失巨大。

那么，正面朝上和朝下之间的区别是多大，才能让你放心地赌一把呢？根据特沃斯基和卡尼曼的研究，这种情况下大多数人的"损失规避率"通常是两倍。也就是说，为了让你放心地承担损失 100 美元的风险，正面朝上的赌注应为 200 美元。

下图说明了财务上行或下行价值与该结果带来的相对心理影响之间的关系。如图所示，曲线有两处明显的不同。首先，右上象限和左下象限的斜率不同，损失的曲线更显著。如果有机会赢 100 美元或输 100 美元，输的心理影响更强烈。为了抵消可能损失 100 美元的负面情绪，潜在的升值空间需要加倍。其次，损失或收益的情绪强度随着钱的增加而趋于平缓。意思是说，我们通常对小的损失或收益很敏感，但是一旦该数值在得与失的任何一方达到临界水平，心理价值的变化就不那么明显了。

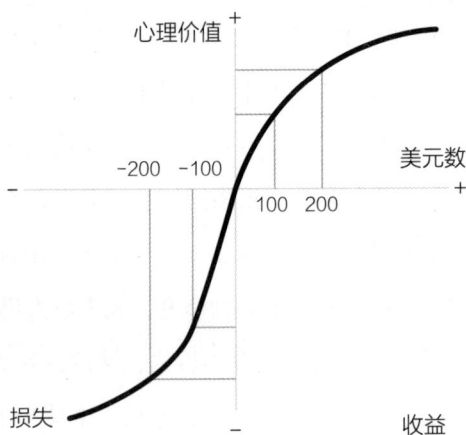

图表引自《思考，快与慢》

那么，为什么损失的恐惧往往比同量收益的渴望更为强烈呢？与我们讨论的许多原理一样，答案可能就在我们史前祖先确立的行为模式里。请记住，我们原始大脑的主要功能是通过从一种经历到另一种经历的学习和适应来保护我们避开危险。通过将可能损失的优先级和威胁级别提高到可能获得利益的机会之上，人类（以及许多其他生物）更容易避开危险，幸存并繁衍。（注意：讽刺的是，销售主管和招聘人员喜欢问准销售员一个问题："你喜欢赢还是讨厌输？"如果你要回答这个问题，在你的答案中加一点点客户经验以作补充——根据损失规避原则，我们大多数人，包括客户，讨厌输胜过喜欢赢！）

当然，这一原理在现代销售领域意义深远。

我们假设人们购买东西往往出自两个原因：获得利益，避免损失。

如果避免损失的欲望胜过获得利益的欲望，那么赢得更多客户关键在于产品价值能否定位为对这些损失的弥补。唯有如此，我们才有机会克服客户的强烈惯性，他们什么都不用做，只需安于现状。如果真有那么简单就好了！

问题在于，在客户微妙的情绪变化和越来越多的产品数量中，不是所有的价值主张都能被客户明确解读为利益或损失。比方说，假设我想向你出售一款软件，其功能是提高贵公司电子商务网站结算页面上客户的转化率。如果我以损失为中心进行信息推广，我可能会这样说："如果你像大多数公司一样，每天都会因客户清空你网站的购物车而损失收益，我的产品可以解决这个问题。"不是每个到结算页面的访问者都会完成交易，相信你不会质疑。你可能还知道这个放弃率是多少，但你不知道这个数字对其他网站或一流公司而言是好还是坏。因此，你可能想忽略这类信息，认为你做得还不错。

这就意味着通过损失来定位你的产品价值还远远不够。如果客户不能适应或感受不到损失的严重性，我们的努力就会白费。事实上，想充分利用损失厌恶原则来吸引更多客户，需要另一种因素。

## 想卖给别人创可贴？首先"弄伤"他们

一个简单的例子就可以帮助我们理解眼前的困难。假设你想卖创可贴，大多数销售员会用以下两种方式解决：

（1）寻找害怕被割伤的人，卖给他们创可贴；

（2）寻找有伤口的人，卖给他们创可贴。

两种情况中，受伤都是客户想避免的。那么我们应该采用哪种方法呢？

第一个选项看起来很明智。毕竟，有一个大的潜在客户市场，因为未来需要创可贴的人比现在实际需要的人要多。如果他们真的受伤，你的产品就是他们所需要的。这个选项看起来很明智，实际上却是一份伪装成潜在损失的收益声明。这种情况下，因为损失还没有发生，我们真正卖的是针对未来不测的保险单。

这种方法通常被称为维生素销售，因为它专注于预防性产品：保持健康；规避或减轻尚未发生的问题。从健身房会员到烟雾报警器再到退休投资计划，我们会看到在销售领域有很多这样的例子。我们的想法是，如果客户对可能发生的坏事足够敏感，他们就会去购买。

这种方法的主要问题是，客户可能在真正遇到问题之前不会意识到问题的严重性。健康比疾病更普遍，房屋火灾（虽然悲惨）则很少见，而且我们中的许多人都有比退休计划更清晰、更现实的近期财务计划。

那么第二个选项呢？

向已经受伤的人销售创可贴更加有效和务实。显而易见，客户很痛苦，就有动力购买。从本质上来看，他们应该寻找产品来避免损失。据世界知名谈判专家、畅销书《掌控谈话》的作者克里斯·沃斯说，70%的购买决定都是为了避免损失而做出的。这通常被称为止痛药销售，因为它解决了客户现在经历的痛苦。一点也不奇怪，2018年美国的药品收入比维生素收入高出16倍！

有了如此有说服力的统计数据，并且它与损失厌恶心理有着强大联系，你可能会认为大多数销售员会倾向于止痛药的方法。虽然他们可能意欲如此，但无用的信息比想象的要普遍得多，其原因有两个：

（1）大多数客户没有意识到他们流血有多严重。在某些情况下，他们根本不知道自己在流血。

（2）虽然大多数客户以某种方式流血，但大多数销售员在指出问题方面做得不好。

不信吗？试试这个小实验。随机选择一家科技公司（以德勤的高科技500强为例）并访问该公司网站。在60秒钟或更短的时间内，看看你能否弄清楚他们的主营业务。注意，这里的目标不是弄清楚他们做了什么（尽管这可能已经够难的了），而是了解他们解决的可量化的业务痛点。我敢打赌，这项任务做起来比听起来难。

## 制作"受伤"的推广信息

那么，我们发布在网站和营销材料上的大多数信息有什么问题呢？制作拙劣？不清晰？令人困惑？不完全是。

大多数供应商专注于做什么或怎么解决问题，而不是把解决痛苦（或障碍）放在前沿和中心。他们强迫客户逆转痛苦，但这对当下的客户来说太难了。简而言之，供应商觉得他们在销售止痛药，但他们的信息听起来更像是一种维生素。结果，产品被同类产品淹没，最终被忽视。

例如，一家制药公司的销售员正在推销他们的最新产品。"它可以治疗普通感冒，"这个代表说，"它采用离子键化学专利这种突破性的配方来帮助人们增强身体免疫力，比只保持良好饮食习惯更能有效抵御 30% 的病毒。"听起来很棒吧？但也许我觉得我的免疫系统已经足够好了。我吃得比大多数人都好。哎呀，如果我感冒了怎么办？我流几天鼻涕，然后就没事了。如果没有清楚地展示疼痛程度，本应是止痛药的东西会变成维生素。

常见的销售信息都是如此："将您的数据移至云端""看起来年轻 10 岁""提高员工敬业度""停止打鼾，睡得更好"或"减少转化客户的时间"。它们听起来像是遇到的麻烦，但如果客户没有感受到与之相关的痛苦或损失，它们很容易被忽视。

那么，如何让你的创可贴在未受伤的人群中脱颖而出？

弄伤他们！

当然，我不是建议你做出伤害客户的行为。相反，你应该在沟通之前，采用一种方法，清楚阐明你将要解决的问题。例如，我的第三家创业公司，在定位新时代反馈、指导和认可产品时，我们可能会这样说：

- "我们帮助员工获得他们需要的反馈，以实现最佳表现和职业发展。"

- "我们帮助经理变成优秀的教练。"

- "我们将成功案例可视化来帮助推广你的文化。"

所有这些都意味着员工在工作中没有得到足够的反馈，经理往往是糟糕的教练，员工做了一些不是人人都能看得见的事情：公平的观点和有解决价值的问题。但是这些表达也容易被驳回。毕竟，许多企业觉得已经为员工提供了他们想要的足够的反馈、指导和认可。

我们发现，当我们在推销前表达以下信息时，潜在客户对我们宣传的反应要快得多：

- "70% 离开公司的人都是因为与上级关系不佳。"

- "大多数千禧一代员工会使用'讨厌'这个词来描述他们对绩效评估的感受。"

- "每 10 名员工中就有 4 名工作懈怠，使公司损失了数百万美元的生产力。"

这种方法效果为什么这么好？因为可以撼动人心，且由具体而令人信服的统计数据组成。这些信息戳中了真正的商业痛点，让客户意识到已遭受损失。换句话说，他们正在流血，需要创可贴。

不是所有的销售词都应该以疼痛为中心。但如今推销信息随处可见，竞品也比以前繁多，公司要凭借惯性原则才能在这环境纷扰的世界里生存，疼痛是你销售的利器。没有它，你的止痛药很快就会被当成维生素而被忽略，而客户避免损失的强烈意愿将无法触发。我们将在第五章讨论可以扩大你产品消息影响的其他方法。

# 第五章

# 5

高能推广

　　几年前，我参加了拉斯维加斯的销售会议。在那里，我遇到了世界上最大的生物技术公司之一的高管。他说，早上他喜欢在团队其他成员到达之前进入办公室（高管的普遍习惯）。这样他就可以在开启忙碌的一天前完成一部分工作。

　　一天，早上 7 点 45 分左右，他正坐在办公桌前，电话铃响了。是一位销售员打来了电话，他在做晨间推销。"啊哈，你逮到我了！"高管说。他很欣赏懂得抢占先机的销售员，尤其是意识到高管们也像自己一样大清早就独自办公的那一类销售员。"很高兴一大早你就在我的办公桌前逮到我，"他继续道，"你有两分钟展示你自己！你们公司是做什么的？"

　　讲这个故事时，这位高管告诉我，这个销售员的回应简直就是灾难现场。"也许他没想到我会接电话，也许我的坦率让他措手不及，或者他只是没有准备好给我打电话。但是，天啊，那个销售员解释公司业务的时候已经结结巴巴了！20 秒钟后，我感谢他的来电，然后挂断了。"

遗憾的是，这种事情在我们生活中很常见。

## 看似困难的问题

"我不确定，或许是和电脑相关。"

当别人问我的科技创业公司是做什么的时候，我母亲经常这样回答，因为她是上一辈人。我以为母亲的情绪只是没有背景，缺乏理解。但在做销售 20 年后，我开始意识到她的困惑不是没有原因的。事实证明，尽管你的产品和服务可能拥有不可思议的销售机制，但在涉及"贵公司是做什么的"问题时，客户可能很难理解。更令人震惊的是，你或你公司的成员可能同样不知该如何回答这个问题！

这个简单的问题应该是每个公司销售手册的核心。即便如此，我们中的许多人也都很难简明、新颖地给出有说服力的答案。被问到这个问题时，我们通常只是简单地描述我们的工作或产品功能。

"我经营着一家咨询公司，致力于帮助创业公司快速成长。"

"我在高科技领域培训销售人员。"

"我是一名商业房地产经纪人。"

"我开发的软件可以帮助公司预测他们的开支。"

"我们是金融服务行业的人才中介机构。"

"我们为小企业主提供记账服务。"

"我们是网络安全领域的人工智能平台。"

不是说这些描述不正确或不好，它们只是没有进一步触发兴趣和行动。因为它们缺乏情感，无法与客户建立深厚的联系。正如在第二章中提到的，市场上产品繁多，客户越来越难接触，这确实是一个问题。信息渠道的便捷，让客户格外珍惜时间和关注点，他们没有兴趣深入了解你的产品，更别提你的销售流程了。这样一来，大多数销售人员和产品都注定要被千篇一律的产品所淹没。

还有希望！如何让你的信息被听到并引起共鸣，说服科学可以帮助现代销售员高效运作，吸引更多客户。

秘诀就是一个叫"加工流畅性"的原则的应用，即大脑处理信息的便利性。第三章讲到的现代认知神经科学和心理学已经证明，如果我们能够使用他们快速、自动的决策途径，提供客户可以快速处理的信息，那我们可以更快、更有利地回应。这将是本章讲解的五种方法——两极分化、并置、挑衅的问题、信念、讲故事——的总目标。

讨论各种具有深远影响的方法时，要记住两件事。首先，一个好的信息策略就像一个优秀的主题行或报纸标题，其目标不是传递产品的全部价值，就像标题不能讲述整个故事一样。它的主要目标只是吸引客户并让客户说："有趣！多给我说一些。"为你赢得继续对话的机会。其次，当问你做什么时，你的回答可能因产品和人物而异。换句话说，如果你销售一种以上的产品或服务，或者销售给不同类型的客户，那么在不同情况下描述工作的方式可能会有所不同。例如，向大学生和退休人员出售完全相同的汽车需要不同的信息，就像不同类型的汽车卖给同样的大学生一样。

## 两极分化：谁是你的敌人？

衣橱俱乐部（Trunk Club）[①] 是一家成立于 2009 年的个性化在线服装服务公司，其理念很简单，你创建一个账户，提供你的尺寸和服装偏好，个人造型师就会为你选择一系列服装和配饰。每月造型师都会把服装放在一个大盒子里，送到你家门口。无论你喜欢什么，你都可以留下并支付；无论你不喜欢什么，你都可以

---

[①] 一家个性化男装导购服务平台，专门为男性提供从造型建议到服装购买的一站式订阅服务和免费物流服务。——译者注

免费寄回。

这项服务最初是针对男性的，因为男性常常没有像女性那么享受买衣服的过程。这有几个原因。首先，大多数男人都很务实。当他们想穿得好看时，关注的是舒适和得体，而不是凸显品位。其次，由于他们注重实用，所以认为购物不是一项有趣的社交活动。最后，当男人因为害怕"再穿同样的衣服"而决定去买衣服时，他们不清楚怎样穿才好看。

但是所有男人都属于这一类吗？当然不是！就像第三章讨论刻板印象时说的那样，所有男人都不喜欢购物的观点是错误的。当然，许多男人确实喜欢购物，然而喜欢购物的男人并不是衣橱俱乐部的目标客户。因此，当衣橱俱乐部在做市场调研时，就需要收集"其服务是否适合大量男士客户"的信息。衣橱俱乐部选择了一个简单、影响力强、两极分化的信息作为他们价值主张的避雷针：男人想要穿得好，但他们讨厌购物。

像这样的两极分化信息非常有效，因为它们会调用客户的快速决策系统，快速做出发自内心的情绪化反应，从而帮助目标客户与你的产品保持一致。针对你的产品或服务的客户并向他们展示，就可以轻松做成这一类推广。如果你选择或定位的对象与目标客户一致，那么客户肯定想要了解更多的信息。

在衣橱俱乐部这个案例中，他们简单地以"目标客户对购物的普遍看法的两极分化信息"作为开头，通过"男人想要穿得好，但他们讨厌购物"的信息，故意将购物定位为公司服务的阻力。如果你是一个讨厌购物的人，你会不假思索地赞同他们的信息。这种方法的美妙之处在于对不适合你产品的客户会产生相反的效果。例如，如果你是一个喜欢购物的男人，你可能会立即排斥衣橱俱乐部的价值主张。客户不喜欢你的产品，你还感到兴奋，这似乎有悖常理，事实上这真的是一件好事！购买你的产品却又不合适，客户有可能不满意，还可能提供不切实际的反馈，不仅有损品牌形象，而且与贵公司及产品计划背道而驰。简而言之，两极分化的信息可以发挥双重作用：留住适合的客户，其他客户自行选择。对衣橱俱乐部而言，这种方法很管用：它于 2014 年被美国奢侈品零售商诺德斯特龙（Nordstrom）以 3.5 亿美元收购。

另一个例子。在我的第三家创业公司瑞普（在第三章中讨论过），我们开发了一套现代绩效管理服务。员工喜欢在工作中获得更多实时反馈、指导和认可，尤其是开始工作的千禧一代，现代绩效管理服务便应运而生。有一段时间，我们带着这样的考量进入市场。毕竟，许多有远见的人力资源领导者都很赞许这种持续的实时反馈，它对员工的敬业度及业务都有积极影响。但时间久了，客户不断向我们提出一个共同问题：公司员工不喜欢以前向员工提供反馈的年度绩效评估过程。

加州大学洛杉矶分校安德森管理学院的获奖作家、研究员塞缪尔·卡尔伯特教授曾将年度绩效评估称为：

一种破坏上下级关系，让员工无法坦诚谈论自己和公司做法的企业行为，不仅助长了糟糕的管理者，还阻碍了优秀的管理者发展，最终损害了公司的效益。

因此，当我们看到很多研究表明多数员工会使用"讨厌"一词来描述绩效评估时，一点都不奇怪。终于，我们有了服务对象，我们业务的两极分化信息很简单：绩效评估不起作用！

与两极分化信息的情况一样，我们也有两种对立的观点。如果你是一名传统的人力资源专业人士，认为绩效评估是很好的工具，只是被误解，没有正确使用，你不会赞同我们的观点。事实上，一些人力资源人员对传统的绩效评估流程呵护有加，因为这就是他们的职责所在！但这就是重点。我们的目标客户不是传统的人力资源专业人士，而是开明的企业和人力资源领导，因为他们才在寻找更好的产品或服务以获得持续性反馈。选择并在销售信息中提及目标客户，故意使客户两极分化，这就像魔术一样！这些信息在市场上不仅迅速、清晰地产生了共鸣，还吸引了脸书、谋智（Mozilla）、领英、皮克斯和声田（Spotify）等关键客户群体。

### 挑选优质的阻力信息

在制作两极分化的信息时，并非所有的产品服务阻力都是平等的。有些阻力要更有效。具体来说，你的产品或服务的竞争对手可能是糟糕的阻力，原因有以下几个：首先，如果你提供的是优质产品或服务，点名竞争对手就是抬高竞争对手并赋予他们本身不应得的认可；其次，在你的言辞中提及竞争对手会让你的公司显得幼稚小气。例如，假设快餐连锁店汉堡王想要使用两极分化的信息来吸引对火焰烤汉堡感兴趣的顾客，而不是像麦当劳那样用平顶架烤汉堡吸引顾客。

这两个消息选项为：

● "说到制作真正美味的汉堡包，汉堡王火焰烧烤的烹饪工艺完胜麦当劳的平顶烤架工艺。"

● "说到制作真正美味的汉堡包，我们相信在明火上烹饪会大不一样！"

或者是这样：

● "小公司金融（SmallCo Financial）力图以远低于大公司金融（BigCo Financial）的费用提供世界一流的服务。"

● "在小公司金融里，我们的目标是关掉那些你无论如何都不喜欢的客服中心，成为世界上最好的低费用提供商！"

看到差别了吗？在这两个例子中，推广的重点是用特定的观点使观众两极分化，但第二个例子显得更睿智、更安全。

那么什么才是优质阻力信息呢？抽象但强大的实体，如系统和过程，以及恐惧、冒险或缺乏远见等感觉，都是很好的阻力信息。以下是一些围绕优质对手构建的有效两极分化推广的有效例子。

**老旧、过时的和不受欢迎的流程、系统或技术：**

● 人们喜欢反馈，但他们讨厌老旧的绩效评估。

● 销售主管希望获得对其运营的高价值见解，但他们讨厌强行配置和撰写报告。

● 男人想穿得好看，但他们讨厌购物。

**浪费的时间、金钱和资源：**

● 那些人工处理员工开销的公司每周浪费数百小时导致生产力下降。

● 大多数销售代表在第三次接触潜在客户后就放弃了，但研究表明，大多数客户在购买之前需要八次接触。

● 大多数小企业主在行政事务上花费了太多时间，这对他们的业务毫无价值。

**恐惧和风险：**

● 如果你使用纸质表格报税，那么你将错过数百美元的退税额。

● 如果没有合适的电子邮件营销平台，会严重影响你将潜在客户转化为客户的能力。

● 作为托管服务提供商，如果客户的网络有问题，你应该及时发现问题，并提前告知他们。

**缺乏可见性：**

● 许多高管对员工工作中关心的问题一无所知。

● 大多数营销领导者都无法用数据来证明他们在社交媒体广告上的投资回报率是合理的。

● 培训面临的最大挑战之一是了解你的团队是否真在使用所学的策略。

专业提示：如果你正在努力为你的产品、服务或业务制作两极分化的推广，请尝试下面简单的爱或恨推广公式：

"像您这样的客户一直告诉我们喜欢＿＿＿＿而讨厌＿＿＿＿。"

第一个空格应描述客户预期的未来状态或业务成果，第二个空格应该描述面临的困难。这个技巧的好处有两个：首先，它可以帮助你制作引人注目的两极分化推广；其次，与客户交谈时，它可以创建一个易于记忆且听起来自然的广告语。

# 并置：通过比较改变

演员汤姆·克鲁斯身高五尺七，显然比好莱坞的大多数男主角都矮。很多电影观众听到这个消息都很惊讶，因为克鲁斯很少被拍到与某位高个子的演员站在一起。缺乏比较会导致不完整或不准确的感知。硬币的另一面——并置——是将两个紧密放置在一起的事物进行比较以产生对比效果的行为，它可以对你瞬时清晰地传达信息的能力产生巨大影响。

　　如果我向你展示一张北极海冰的卫星照片，并请你评论气候变化的影响，你或许感到为难。但如果我把它与一张 30 多年前的照片放在一起对比，差异就凸显出来了。

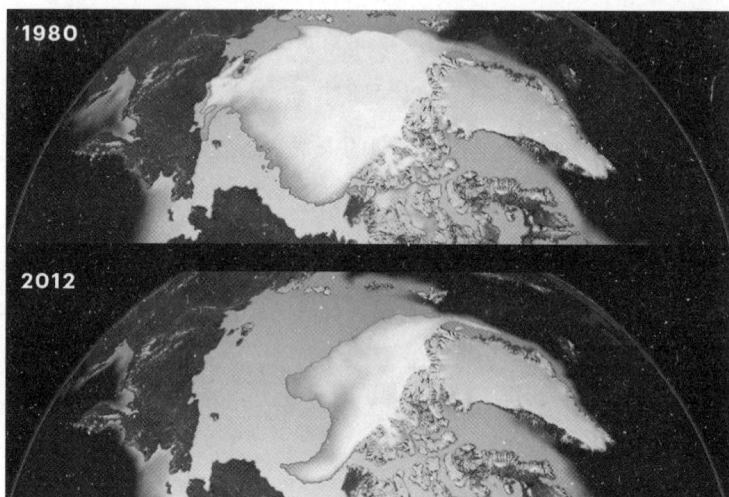

　　但是你不需要总是看到并排的两个东西才能看到对比效果。看看下面的两个标志。

两者都在鼓励宠物主人清理排泄物，但它们在读者的脑海中产生了不同的效果。左边的标志只是鼓励宠物主人采取行动，希望唤起宠物主人的良好本性和社会责任感。这种希望是隐含的，而非明示的。因此，更容易被忽略。右边的标志更引人注目，里面写到宠物刚刚大便过的草坪，孩子们要来玩耍。人们都爱护孩子，认为应该让他们远离伤害，自由玩耍。这条信息目的在于在读者的脑海中种下心理种子。收拾宠物排泄物的决定不再关乎是否有人要求你采取行动，而是更多关乎你是否重视儿童的权利。它会产生一种发自内心的情绪反应，驱动着快速清晰和期望得到的行为。

说服心理学大师、亚利桑那州立大学心理学和营销学名誉教授罗伯特·西奥迪尼在其著作《影响力》中，将其称为"对比原则"。

我们回过头来说产品和服务，再看看上一节提到的现代员工反馈工具瑞普的案例。我们发现，瑞普将两极分化的观点并列起来，快速让目标客户理解他们的价值主张。"人们喜欢反馈，但他们讨厌绩效评估"，这样的措辞不仅明确了阻力是什么，还与期望的结果形成了对比（如对反馈的热爱）。

我们在瑞普中引用的阻力信息是员工敬业度不佳。根据研究机构盖洛普（Gallup）的数据，18% 的员工工作懈怠，而 67% 的员工"不工作"。此外，盖洛普在其 2017 年美国工作场所状况报告中指出，不敬业的员工缺勤率高达 37%，生产力降低 18%，盈利率下降 15%。员工敬业度低的主要原因之一是员工在工作上得不到指导、反馈和身份认同，因此我们经常利用信息来强化这种对比。

比方说，观察下面一家网站主页的图像（已不存在，因为我们的公司于 2012 年被赛富时收购）：

如果文案只说："以全新的方式参与进来，为你的团队赋能！"读者可能会想，"为什么需要一种新方式？"或"旧的方

式是什么？"若将标语和其对应的声明"绩效评估不起作用"并列，读者立刻明白。

另一个通过对比让人瞬间明白的方法是使用数据。例如：

**选项 1**："人们都喜欢反馈，但讨厌绩效评估。"

**选项 2**："人们都喜欢反馈，但最新研究证明，80% 的千禧一代使用'讨厌'这个词来描述绩效评估。"

**选项 1**："大多数 IT 领导者认为网络是安全的，但实际上网络缺乏足够的保护措施。"

**选项 2**："75% 的 IT 领导者认为他们的网络是安全的，但仅在过去三年里，数据泄露的发生率就提高了 40%。"

**选项 1**："潜在客户需要和你的销售团队多次接触才能转化为真正的客户，但大多数销售人员过早放弃。"

**选项 2**："过去 18 个月，与潜在客户建立联系的次数增加了 15%，而销售代表的固定职位却减少了 36%。现在的销售员用过时的战术武装自己，导致与客户建立联系越来越难，这是失败的关键。"

每个示例中，第二个选项不仅对比更明显，而且使用数据的技巧和合理性，能进一步强化说服效果。换句话说，客户不仅能感到痛苦，你的专业知识还让他们觉得你可以提供治疗！

# 用挑衅的问题引出信息

你最喜欢的电影是什么？

你看到这个问题时，思想集中并快速运转，因为你要在脑海中搜索合适的答案。随着你的注意力高度集中，所有其他的想法可能会暂时抛到脑后。

问题是一种强大的工具，因为回答问题（即便没有答案）就需要对方积极参与到对话中来。他们的回答还可以带来极高的情感承诺。

1997 年，《纽约时报》发表了一篇题为《抵制失约，餐厅萧瑟》的文章，描述了芝加哥一家著名餐厅每年亏损 90 万美元，因为许多预订的顾客并未到场。迄今为止，餐厅一直尝试向顾客提出简单的请求来减少爽约："如果您计划有变，请致电我们。"该请求直截了当、彬彬有礼，你也从其他的预订服务中听到过。问题是，它没起作用，餐厅仍要面对 30% 的失约率。然而，一旦他们将请求改为一个问题——"如果你改变计划，会打电话给我们吗？"——失约率下降到 10%！

结果难以置信，原因很简单。人们被迫回答问题时，他们的行动会与他们陈述的立场一致。这种现象源于人们减少认知失调的内在愿望，即为了塑造表里如一的形象，人们会克服内心冲突，在态度、信仰和行为方面规范自己。假设餐厅问你，如果你的计划有变化，你是否会打电话给他们，你回答"是"。你更有可能将自己视为履行承诺的人，并在计划变化时打电话。如果你的计划确实有变，你也不打电话取消预订，你可能会有一点认同危机！你想减少认知失调的潜意识就会启动，并鼓动你确保行为与言辞和身份一致。这个强大的心理学原理就是这个故事中的餐厅能够显著降低失约率的原因。

也就是说，人在被迫回答问题的情况下，会建立起自己的价值主张，即使只是想一想，也会使听者立即将他们的回答与他们的信仰体系保持一致。如果一致，他们将很快内化该价值。

如果要通过激励性的提问推销，那就要先从两极分化问题中的障碍开始。看一看下面这组产品与障碍：

| 产品 | 障碍 |
| --- | --- |
| 高效训练机器 | 缺少训练时间 |
| 电子邮件追踪软件 | 缺乏对客户电子邮件互动过程的了解 |
| 现代销售培训 | 不上进的销售人员和过时的销售战术 |
| 智能家居恒温器 | 制热和制冷浪费能源和金钱 |
| 优惠的移动电话服务 | 客户服务质量差的高价供应商 |

接下来，简单构思一个问题，不要明确说出阻力信息，而是通过答案唤起目标客户的想法。例如：

| 产品 | 障碍 | 激发性问题 |
|------|------|-----------|
| 高效训练机器 | 缺少训练时间 | 有没有觉得你从来没有时间训练？ |
| 电子邮件追踪软件 | 缺乏对客户电子邮件互动过程的了解 | 你不想知道点击发送后会发生什么吗？ |
| 现代销售培训 | 不上进的销售人员和过时的销售战术 | 你有没有想过为什么不喜欢和销售人员交流？ |
| 智能家居恒温器 | 制热和制冷浪费能源和金钱 | 你知道你不在家热水器一直运行会浪费多少钱吗？ |
| 优惠的移动电话服务 | 客户服务质量差的高价供应商 | 说起移动电话供应商，你为什么还给你讨厌的客服中心付费？ |

每一个例子中，提出的问题都会引发与销售方价值主张吻合的答案。这种方法还有一个好处，即给客户增加了甚至连他们都没有意识到的痛苦、挑战和机遇！我们将在第六章进一步探讨这个明显的特征。

# 信念：以你所信，引你所引

几年前，我是场外销售的一名领导，我们几个人在城外一家很棒的新餐厅吃晚饭，这家餐厅有各种各样的创意乡村美食。仔细看过菜单后，团队成员一一点菜，每人选择了不同的但看起来比较常见的菜品。我最后一个点菜。

我像许多人一样喜欢美食，还幻想自己是一个像样的家庭厨师。因此，说起在餐厅用餐，我明白菜单上的所有菜肴都是不一样的。尽管很多菜单品类繁多，也有许多听起来还不错的菜品，但我从未想过自己会点错菜，就是那种让服务员觉得"真不敢相信他点了这个"，所以通常我会列一个清单，请他们推荐。在这个特别的夜晚，里脊肉的描述吸引了我。

"里脊肉怎么样？"我问。

那一刻，世界仿佛静止了。服务员停了下来，放下了他的笔记本。然后他凝视着我，表情凝重。桌子周围的其他人都沉默了，好奇地等着看接下来会发生什么。"哦，先生，"服务员的声音既严肃又令人安心，"太不可思议了！"他再次微笑，"在我看来，这是菜单上最好的东西。"在接下来的几分钟里，他接着介绍了配菜浓缩枫糖浆和欧洲萝卜泥。在他那华丽的简短介绍结束后，我们8人中有6人更换了菜品！

一个能够以强烈的情感、可信度及最重要的信念传达信息的人，可以成为现代销售领域的中坚力量。

信念融合了知识、经验和强烈的推荐意愿。在现代销售世界，信念是指挑战我们的客户，聚焦相关的知识和经验，以着重指出使用我们的产品和服务可以改善他们的现状。虽然一对一的销售互动中的信念强大，容易确认，但公司也可以在产品、公司或品牌级别的营销信息中表现出相同程度的信念。诀窍就是他们利用简单的"为什么"来施加影响。正如我们在苹果、特斯拉、亚马逊和迪士尼等品牌上看到的那样，这些信息不仅可以刺激消费，还能极大地圈粉。

## 输入"为什么"的力量

2013年9月20日凌晨2点30分，科技作家斯图尔特·沃尔平（Stewart Wolpin）抵达位于纽约市第五大道的苹果旗舰店。他想成为第一个购买iPhone 5s的客户。斯图尔特认为提前到达可以获得梦寐以求的前排位置，可他是队列中的第300个人。

现在我们都知道沃尔平的故事绝非个例。人们对苹果产品的发布日有着同样期待——苹果的发布活动已经沾染了"过夜露营""令成年人眼花缭乱""大规模宣传"的色彩。在2017年11月iPhone X发布期间，人们必须在纽约市商店前待5天才能成为第一个购买最新款手机的人。那么苹果如何能够在他们的推广信息中展现出足够的信念来催生这种令人羡慕的客户行为呢？苹果用他们的信念引领潮流。

西蒙·斯涅克在他的书《超级激励者》（*Start with Why*）中声称，客户对产品难以置信的忠诚和支持源于公司对客户共同价值和信念的挖掘能力。也就是说，人们喜欢你和你的品牌不是因为你做了什么，而是你为什么这样做。换句话说，他们购买的不是产品、功能，也不是投资回报率，而是感觉，他们与你们的目标一致。在这些感觉和目标中，他们找到了价值。

为了进一步解释这个概念，斯涅克介绍了"黄金圈法则"。该方法使用三个同心圆简单描述公司对其目标或价值体系的认识水平——分别是"是什么""如何做"和"为什么"。

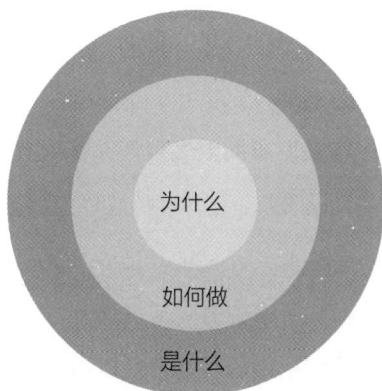

引自西蒙·斯涅克，"黄金圈法则"

斯涅克解释道，世界上每一个企业都知道他们在做什么，即业务的基本结构。比如：

- 我们制造滚珠轴承。

- 我们烘焙和销售美味的纸杯蛋糕。

- 我们提供金融投资产品和建议。

他还提到很少有企业知道他们如何做他们所做之事，即功能上能将他们与竞争对手区分开来的细微差别。例如：

- 我们使用独特的碳平衡制作工艺专利。

● 我们用有机原料小批量生产，以保证质量。

● 我们所有的产品顾问都经过了为期 15 周的严格培训。

最后，他声称很少有企业知道他们为什么要这样做，即推动企业行为和决策过程的内在动机和核心价值观。但是，弄清"为什么"是打破客户惯性并推广你们信息的关键。

利用"为什么"的激励力量，最简单的方法是使用一个我称其为"信念语句"的工具。

例如，苹果近年来发布的大多数产品都配有苹果设计师、工程师和高管评论的精美视频。这些视频虽然看起来是精美的产品展示，实际上并不是在介绍产品的功能，而是陈述产品背后的设计理念：苹果设计团队所秉持的坚定信念。

● 我们相信，我们所做的一切都是以用户为中心。

● 我们相信，一项技术应该既美观又实用。

● 我们相信，让手机更薄、更轻、更强，需要技术创新。

像这样的信念陈述之所以有说服力，有两个原因。第一个原因是**正确的企业信仰能够与个人信仰及感受产生共鸣，并促使我们采取行动**。事实上，2018 年"爱德曼赢得人心品牌"的研究显示，近三分之二的人都是信仰驱动的客户。正如我们在第三章对客户情感动机的讨论，即便陈述的信念是一种向往，它也是有效的。例如，如果我未来的愿景是瘦几斤，身体健康，那么健身俱乐部或高档厨房搅拌机对健康生活方式的广告语会很快吸引我。就像苹果，痴迷的消费者成群结队地到商店排长队支付高价，好像在说："是的！我相信我就是你们的中心。科技真炫！更薄？更轻？更强大？当然！英雄所见略同！太酷了！"（虽然这些话很少被大声说出来。）

**信念陈述令人信服的第二个原因是它们帮助我们展现信念和情感，这对真实传递信息至关重要。** 为了证明这一点，试一个简单的方法。想想你最珍贵的财产，它不需要多么昂贵，也不需要多么花哨，只需要你有强烈的情感联系即可。也许它是你在度假时买的、继承而来、偶然发现的、你童年时代留下的、攒钱买的或是你的爱人送给你的。现在我问你为什么如此珍视你选择的东西，你打算说什么？

对我来说，一个旧皮革工具带是最珍贵的。我的祖父是一名电工。他是那种健壮沉闷的人，一直努力工作赚钱养活妻子和三个儿子。之后他有了名气，成为这个城市知识最渊博、最能干、最诚实的电工之一。他资产不多，但知道我喜欢组装和修理东西。于是，2006 年他去世时给我留下了他的电工工具腰带。这条皮带陈旧、斑白，散发着建筑工地上的味儿，还真的有点像他。里面有许多常备工具，如螺丝刀和钳子，也有一些行业使用的奇形怪状的工具。我是一家之主，为人之父，这些年来都是我修修补补，组装孩子的婴儿床、安装灯具和开关，甚至半夜修理爆裂的水管。虽然我自己有足够的常用工具，但如果不从我祖父的工具带里翻找到一件神奇工具来完成任务，任何工作总感觉缺点啥。每次用这些工具我都会想起他，每次将它们放回工具带后，我仰望着天空，感谢他帮助我完成工作，陪伴我的家人，就好像是我们一起完成的一样。

这个故事是真的。你对此有什么感觉？它是否让你明白，其他人可能不会仔细考虑的事，而我却抱有强烈的热情和信念？只要你用这个方法自测，你可能会微笑，也可能流泪，可能远不止这些。如果我让你分享你所珍视物品的故事，你也很可能会讲出同样细致的内容，表达出同样水平的情感。

的确，说起有说服力的表达，信念驱动的说服常会让人们陶醉，否则就很难让人信服。假如在没有语境或背景故事的情况下向你展示我的工具带，并要你描述它对你的特别之处，我敢打赌你会冥思苦想地准备吸引人的故事。无论你最后讲了什么故事，都显得不真实，听众也容易不屑一顾，很难相信你。

## 信念推销之策略

准备个人珍贵物品的有趣故事可能很容易，我们每天销售的产品和服务呢？你怎么向目标客户传达富有坚定信念的价值观和赖以信任的信息？很简单。以你所信，引你所引！首先，考虑一下你的企业认为独特的产品是什么，怎样与竞争对手区分开来。其次，制作用来销售和开展营销工作的一份或一系列声明，每个声明中的故事讲述都以"我们相信"或"在我们公司，我们相信"来开头。你甚至可以从之前准备的两极分化声明开始。例如：

- "我们认为，应当借助手机开展业务。"

- "我们认为，传统的绩效评估已经过时。"

- "我们认为，健康的有机食品不该花更多的钱。"

基于我的销售历程的讨论，我可能会做出如下信念陈述：

- "我相信，我们大多数人都不喜欢与销售人员交流，但会发现自己一直在销售自己。"

- "我相信，销售人员糟糕，并不代表人坏。他们只是在使用陈旧过时的无效策略，因为他们学到的就是这些。"

- "我相信，现代销售成功的秘诀在于融合科学原理和共情。"

如果客户秉持和你一样的理念，他们肯定会进一步要求："多给我说一点！"

下面三个技巧可适用于开展业务时的信念陈述：

**指出一个具体、广为人知但又不明确的挑战**。不要强迫客户对他们的信仰体系做出巨大调整，最好从简单、两极化和以客户为中心的信息入手。但尽量不要专挑陈词滥调，叙述困难和信念。例如："我们相信，低费用可以提供世界一流的金融服务。"大家都在这样说！如果你也这样说，就不会脱颖而出。

**不要直接介绍你的产品或服务**。将高尚、利他的信念陈述与公开宣传结合在一起，没有什么比这更能抹杀傲慢的情绪。例如："我们相信埃克公司（Acme Co.）移动应用程序是通过手机开展业务的最佳方式。"

　　问问自己："我的目标客户会满意吗？"想要快速确定你是否做得对，那就问问自己，普通客户在听到你的信念陈述时是否会立即微笑并点头。如果答案是否定的，那么你还需努力。

　　打破客户的惯性，让他们在一个充满干扰和浮华信息的世界中行动起来可能很困难。但当被怀疑时，以你的信念去引导是建立快速和持久亲和力的最有效的方法之一。

## "曾几何时……"：讲述产品的故事

　　想要让你的信息被听到，讲故事是最有效、最真实的办法，且理由充分。讲故事是我们将批判性知识代代相传的主要方式之一，从珍贵的家庭食谱到宗教习俗，再到壮丽的战斗胜利故事，所有值得了解的事物往往都被包裹在一个个丰富多彩的故事中。事实证明，我们对故事的喜爱不仅仅流于表面，我们的大脑和生理机能实际上天生就会回忆和讲故事。

　　保罗·扎克（Paul Zak）是克莱蒙特研究生大学的经济学、心理学和管理学教授，也是神经经济学领域的先驱。2004 年，扎克的实验室发现了一种叫作催产素的神经化学物质，俗称"信任激素"。当其他人对我们表现出信任或善意时，就会释放催产素，让我们的大脑知道这是安全的。这特别有用，因为作为社会动物，我们生存和发展的能力取决于我们与他人合作的能力。

后续研究表明，虽然面对面的人类互动可以释放催产素，但当人们接触某类故事时也会发生同样的反应——具体而言，就是那些制造紧张感以维持听众注意力的吸引人的故事。也就是说"紧张驱动注意力"，帮助听众识别故事中人物的情感旅程。由于情绪在购买行为中起着核心作用，因此这些发现对在销售互动中如何讲故事有直接影响。用扎克的话来说：

> 这些关于讲故事的神经生物学的发现与商业环境有关。例如，我的实验表明，带有情感内容、吸引人的故事可以让人更好地理解演讲者想阐述的关键信息，并在几周后更好地回忆起这些要点，比 PPT 演示文稿有效。我建议商人在每次介绍产品时都以引人入胜的、人性化的故事开始。为什么客户或路人应该关心你提议的项目？你的产品是如何改变世界或改善生活的？使用产品时，人们会有什么感觉？这些都是让信息具有说服力、令人难忘的要素。

因此，讲好故事可以成为非常强大的销售工具。然而在公司做一个 30 分钟、15 分钟甚至 5 分钟有吸引力的充满张力的展示都比较难，让客户真正倾听则难上加难！在客户注意力持续时间短的时代，销售需要将故事缩短到 10 秒钟之内，且扣人心弦，如何做到？为了获得灵感，我们求助于商业中最经典又最具娱乐性的媒介之一：电视购物。

## 商业广告的秘密公式

我一直觉得电视广告很吸引人。它们可以利用文字和图片，将菜刀、搅拌器、吸尘器之类的日常用品的商品特征和不可或缺性展示得淋漓尽致。前一分钟，凌晨 2 点，你躺在床上看电视广告，快要睡着了；下一分钟，"魔弹"[①]就被快递送到你家门口！虽然电视购物广告有吸引力、重复性强，还有点廉价，但销售人员可以从它们那里学到很多关于推销的知识。

商业广告最引人注目的特征之一是效率，它们神奇地克服了客户的现状偏差并迅速促使他们购买。人们很少像看普通节目那样全程观看电视购物节目。这意味着精心编排的对话、动画和古怪的演示需要与极简主义结合在一起，以便在几分钟内构建一个有吸引力的商业案例。

为了实现这一点，无论推销什么产品，消息传递的方法通常都是公式化的。一个易于理解的故事会创造并吸引注意力，即通过一系列简单、容易接受的论点引导客户，号召客户行动。

在我们深入研究具体的例子之前，先来看一个四步分解的典

① 搅拌机品牌名。——译者注

型购物宣传。

**1. 问题**。你的现状或你已经在使用的产品，就是你今天遇到的问题。这就是张力产生的地方。他们"弄伤你"并让你看到流血的地方（详见第四章）! 在某些情况下，这种痛苦可能是最强烈的，也可能是隐蔽的、潜在的，甚至是一些你意想不到的事情。这也是本章前面提及的要确认阻力的地方。

例如，这是一套永不需要磨刀的现代厨具广告，那么故事的开头可能是一个可怜的傻瓜试图用一把又旧又钝的刀切一个熟透了的红番茄。主角不假思索地用钝刀将番茄拍扁，番茄籽和番茄肉四散而飞（他们专门穿着的白色西装也被毁了）。当观众开始将自己代入这个故事，成为主角时，张力就产生了。

**2. 理想的产品**。这是解决问题的理想产品。虽然并不总是称心如意，人们也知道这是可以解决问题的产品，但他们认为这些产品费劲还贵。换句话说，投入时间和精力，可以解决客户不想做的事情。这就是产品的定位。

例如，解决我们钝刀问题的理想方法是去高档厨房商店购买一些顶级的日本手工锻造钢刀。在商业领域，许多问题可以通过投入大量时间、金钱以及人力和技术资源来解决。

**3. 理想产品的问题**。这能使理想产品变成难题或变得不太理想。这样，你就可以在客户的现状和他们需要达到的目标之间形成对比——一个需要克服的巨大差距。你需要将理想产品定位为他们不想要或无法实现的事情。

例如，你可以去厨具商店购买那些花哨的刀具，它们价值数百美元，但你又不愿意花费这么多钱。上一步中提到的业务资源大规模投入也是如此。

**4. 进入我们的产品。**这是绝妙的高潮阶段！以下投资产品或服务的示例，能帮你克服正在面临的问题和经历的痛苦，还能回避理想产品附带的难题。

例如，我们的刀具以低廉的成本实现了那些高档刀具的性能，还送货上门！专业提示：这部分信息能完美插入上一节你的信念陈述中［例如，"在智慧刀具公司（Cerebral Knife Company），我们相信每个家庭厨房都用得起的专业级刀具"］。

再如家用健身器材的电视购物故事：

（1）嘿，你想减肥拥有最好的身材吗？

（2）嗯，最好的方法是每周去健身房五次，每次锻炼两个小时。

（3）但是健身房会员费很贵——谁有那么多时间呢？

（4）你需要的是我们优质、便宜的家用健身器材。

或者关于某种水果和蔬菜榨汁机的电视购物节目：

（1）吃太多加工食品会破坏你的健康。

（2）那就多摄入新鲜的水果、蔬菜和果汁。

（3）问题是，传统的榨汁机太大、费时、昂贵、难清洁，还会破坏营养。

（4）我们优质、小巧、易清洁且价格实惠的榨汁机正是你的选择！

从经典的销售角度来看，这种消息传递和推销公式非常有效，因为客户正朝着你的产品一步步走来。这些步骤都是基于普遍真理和情感。这种方法虽然用紧张的故事开头吸引客户兴趣，但故事娓娓道来，没有大的信念跳跃。

假设我使用类似的公式来定位这本书的价值，我可能会说：

（1）与现代客户建立联系变得越来越困难。客户比以往任何时候更权威、更多疑，而且他们不喜欢与销售人员交谈！

（2）许多企业试图通过投资培训和让销售员应用各种新的策略解决这个问题。

（3）问题是，许多策略不是基于对现代销售心理学的了解，也不是基于客户做出的购买决定。

（4）以你买进的方式卖出，将帮助你了解如何使用科学方法与现代客户保持一致并建立联系，让现代销售者对这些策略的运作有个基本理解，进而可以更自信、更准确地实际操作。

或者，回到技术层面，使用此公式向销售主管推销生产力移动应用程序，如下所示：

（1）您的销售团队正在把业务搞砸，因为他们在销售时缺乏必要的关键客户或产品的信息。

（2）解决办法是让他们随时浏览你的后台产品目录，以便可以在任何地方访问关键数据。

（3）问题是，创建一个自定义应用程序并将其连接到你的办公室后台十分困难、耗时，而且成本高。

（4）我们有一个神奇的移动连接器，可以让非技术业务用户在短时间内做成同样的事情。

现在就用你的产品或服务试试吧！

电视购物广告的公式可以让你的客户更容易了解你的工作，赋予产品的特定价值观，最终促成更快的决策和更高的转化率。最重要的是，使用电视购物广告公式能帮助你的销售团队提升能力，内化你的价值主张，甚至无须幻灯片或演示即可讲清楚。因此，下次你凌晨 2 点醒来躺在床上绞尽脑汁准备你的销售宣传稿时，只需打开电视，收看你一直在寻找的秘诀。

## 实测你的推广

用本章节介绍的方法提出全新推广或定位声明，是一个有趣且有收获的过程。要确保产生预期的效果，关键来自两个方面的因素。首先，目标客户需要了解你的推广信息；其次，公司每个与客户接触的人员都口径一致。为帮助你对新的推广有效分类，下面有三个逐步升级的系列测试。

## 测试 1：新客户了解你吗？

你的团队要将你的推销说辞简洁明了地表达出来可能问题不大。但是，与销售团队交流并不是大多数客户消费的起点。据高德纳公司称，57% 的客户与销售人员联系之前就已经完成了购买流程。他们中的许多人仍然会在你们的网站上自己研究。那么问题就变成了：普通的潜在客户能否只用他们从在线副本、视频、解释工具等渠道找到的信息，在一分钟或更短的时间内弄清楚你是做什么的？畅销书《不要让我思考》的作者史蒂夫·克鲁格认为："我上网查看（产品）时，它应该是不证自明、不言而喻并能自圆其说的。我应该'有把握'，而不用花任何精力去思考它是什么，如何使用。"所以在我的一些创业公司开展了新的用户焦点小组测试，以便从未曾接触过我们产品的客户那里得到对产品的公正评估。不需多少引导，我们就能够看到用户在我们网站上的互动和实时评论。反馈非常有启发（即便有时让人不安），此外，它还有助于发现我们的盲点，并将我们的网络形象与价值主张调整一致。

该测试是三个测试中最重要的一个。毕竟，如果你的客户无法弄清楚你在做什么，他们就会转向别处。如果你在这方面表现不佳，测试 2 可能会指出原因。

## 测试 2：面向客户的团队是否一致？

随机将销售人员、销售经理或客户代表叫离办公桌，让他们在 15 秒钟或更短的时间内说清楚你的公司是干什么的。实验有三个结果：

（1）他们做到了！不仅解释得很棒，而且每个人口径一致。

（2）很好。大多数人设法拼凑出一个体面的宣传或解释，但整个团队的内容及其效果各式各样。

（3）灾难现场。听了他们两分钟语无伦次的胡言乱语后，你在想，为什么要让这些人与客户沟通交流。

理论上，你想要第一个结果，但第二个结果也是可行的。如果你没有完成测试 1，且对这个测试不以为然，那么测试 3 的结果可能会对你有所启发！

### 测试 3：执行团队是否一致？

此测试的结构类似于测试 2，不同之处在于你和执行团队的成员一起进行。你的财务、技术、客服或运营主管能解释一下你们是做什么的吗？你们的销售人员和营销主管怎么样？（没有开玩笑）虽然我们与其他人都希望这艘船的舵手有清晰一致的推销言辞，但情况并非如此。如果你不搞定这个，你也不太可能像全垒打一样一举搞定测试 1 和测试 2。毕竟，如果你的上级领导都不能阐述清楚你们的价值主张，又怎么能指望别人呢？

如果你认为必须在这个行业干，请不要担心，下面一些推销忠告可以让你走上正轨。

（1）**回归基础**。也许你的团队在阐述推销主张时遇到了困难，它陈旧、复杂，或者与你们当前的产品或市场价值不一致。不要急于完善它，而是重新审视你们的品牌、使命和核心信念，然后依此找到一个简单、引人注目且以客户为中心的价值主张。在未来客户和现有客户那里测试一下你的营销信息，将他们希望解决的问题与他们认为你可以提供的价值协调一致，确保达到目标！

（2）**做下记录**。写下你的推销说辞，以免在交易达成时存有歧义。做完这些，我建议让你最好的销售代表、营销人员或执行人员将宣传内容录制成音频或视频。通过典范来展示什么是卓越的外观，这对推动你所追求的一致性非常重要。

（3）**确认并了解责任**。如果你想达到这样的效果：挂断电话后，任何销售代表都能清晰、一致、坚定地阐明其推销策略，那就去做吧！除了通过正式启动方案让你的团队获悉推广方案外，还可以随机选择一些团队成员在小组会议的前五分钟一口气背诵出推广方案，以增强责任感，促进常规训练。让你的团队提前知道你用这种方法是帮助他们增强责任感，他们会感谢你帮他们变得更好！

一想到现代销售员和营销部门所遇到的障碍和干扰，解释你的工作应该是销售环节最简单的一部分。保证公司能够一致地传递既引起共鸣又易于理解的推销信息，关键在于了解你在哪方面需要帮助，然后利用培训和问责策略将推销信息铭记于心。

# 第六章

# 6

用心调研

　　诊断出患癌，最糟糕的是不得不向他人诉说这个消息。至少，对我来说是这样的。

　　36 岁那年，我收到了癌症诊断书，就像大多数人感觉的一样，它悄无声息地来了。我的生活开始被检测、扫描、特殊医生、手术、后续治疗等填满，心情也似过山车一般。除了应对自己的癌症预后和治疗，我还担心我生活中的其他人，因为将情况告知家人和挚友很难。当然，大家都很支持。但出于某种原因，我不敢把我的消息完全公之于众。倒不是说癌症罕见或陌生，大多数人在某种程度上都对此有所触动。我只是觉得这与大家无关，一想到人们不断问我是否还好，或者用不同的方式来看待我，我就不舒服。我想成为大卫。不，那个得了癌症的小伙子大卫。所以我只告诉我小圈子里的人。

　　结束治疗后，我休息了一段时间，好让我的身心恢复。谢天谢地，几个月后，我的第三个女儿出生了，我的生活又有了光明和希望，但我比以前更加警惕、感恩和留心。就像一个参加过战争的士兵一样，和你第一次踏上征程时的心情是不一样的。但在很多方面，我都做得更好，是大卫2.0版。而且，与有相似处境的许多人一样，我开始将我的经历视为莫大的祝福。尽管如此，我很少（如果有的话）在公共场合谈论这个经历。一些了解我的人也可能是第一次在这里读到有关这段经历的讲述。尽管我性格内向，对隐私敏感，但我很快对这段经历敞开了心扉。

与医生、专家、心理健康专家和其他医疗保健从业者分享我的经历是意料之中，也是自然而然的事。当然，也有其他人在分享。一位朋友兼同事透露，他一直在照顾与罕见血癌作斗争的父亲。一位年轻妈妈，最近确诊患有乳腺癌，在积极抗癌。还有一位多年未见的老朋友，她丈夫患癌去世，留下她独自照顾两个年幼的孩子。当我开始坦陈我的遭遇时，我们就有了共同话题。当我觉得对方能够帮助我，或我能帮助他们，或者因共同经历而有了强烈的信任感和共情心理时，敞开心扉一点也不可怕。其实，在这种情况下，压抑自己、封闭自己，困难反而更多。

回到销售岗位后，奇怪的事出现了，我又习惯了销售中那些重复的活动。销售人员试图让客户公开他们消费困惑中最私密的信息，以及他们寻求这些问题的解决方案的个人动机。而另一边，客户对销售方的动机、意图和服务能力持谨慎态度，对信息严格保密。

# 调研的困境

　　销售员的调研可以说是与客户互动中最重要的一部分。由此，我们能发现客户的需求、所经痛苦的性质和程度，还有对自己和企业的定位。我们是有能力帮助客户的专业人员。虽然最大限度提高这种关键互动的效率至关重要，但调研是现代销售中情感上最复杂和最微妙的活动，主要原因有三个。

　　**第一个就是信任和信誉。**医患互动的语境里，医生进入房间就能够立即开始向患者（近乎一个陌生人）询问他们最私密的个人信息。令人难以置信的是，患者通常会迅速、准确、真实地回答。那是因为这种互动的本质是由信任和信誉支撑的。患者一般都毫无保留地信任他们的医生，并将医生视为能提供帮助的专家。可是，销售人员并不拥有同等程度的亲密感，至少在与客户建立关系的早期阶段不会实现。

　　如果一天凌晨你突然胃痛而醒，想一想会发生什么？住在城里，你决定步行穿过市郊 10 个街区到一大早开门的诊所去就诊。真是步步艰辛，距离诊所大约有 4 个街区的时候，人行横道前的红灯亮了，车流滚滚，你不得不在路边等两分钟。这时候，你弯下腰，喘着粗气，一只手支撑在交通信号灯杆上。"你还好吗？"头顶上方传来关切的声音。你抬起头，在清晨的阳光下眯起眼睛，看到一位女士的身影，她略显担忧。那你会说什么呢？

就像大多数人一样，你可能会回答"我很好"，然后在按下交通信号灯之前向陌生人礼貌地露出愁容。又过了几个街区，你回头看，发现那位陌生人跟在你身后几英尺 ① 外。你俩都走进了诊所，那位陌生人走到前台，拿下挂在墙上的工作服和名牌。真相大白，她是为你诊治的医生。医生说："出什么问题了？"你回答说："哎哟，医生！我今天凌晨 2 点 30 分起就醒了，胃很痛，不知道怎么了，怕是生病了！"医生挑起眉毛，既关切又好奇地回答道："我明白了。那你为什么不早点告诉我？在街角，我还问你怎么了。"

除非客户将销售员视为知晓他们的困难并能提供帮助的人，否则他们很可能将其当作不值得信赖的陌生人，正如前面故事中的医生一样。因此，在信任和信誉形成之前，他们一直处于警惕状态，很难让你观察到什么。对于向年长、经验丰富的客户推销产品的年轻销售人员来说尤其如此。我将这种经历叫作**"非对称"**，这是我们稍后要介绍的重要概念。

**调研的第二大难点是客户是否有能力表达他们的难处。**虽然销售人员希望客户充分了解他们的问题，但事实是客户很少完全意识到这些问题，也不知道如何表达出他们的问题。

有一次，一位做软件的客户来找我，说他们的销售人员需要一些谈判培训。我问他："为什么你认为团队需要谈判培训？"

---

① 英尺：英美制长度单位，1 英尺 ≈ 0.3 米。——编者注

客户解释说，他们的销售人员通常会在软件定价的基础上给客户打五折至七折。没等质疑客户的信誉，我便决定深入探究。我解释说："当然，过度折扣可能是谈判技巧缺陷造成的，但也可能是其他许多因素造成的。例如，你的定价样本可能已损坏，或者无法用正确方式针对某类客户推销。也许是销售员在产品作用和价值的描述上不够准确，或者与亟待解决问题的客户没有建立良好的情感联系。"我继续要与客户探讨其他问题时，他们已认识到了面临的挑战和机遇。最后我为他们提供了培训，但该方法只是通过适当的信息和异议处理帮助他们在销售早期确立价值，而不在谈判中。如果我在没有调研的情况下就将他们陈述的需求视为表面价值，我就不会归纳出这一套策略。

　　第三个难点是，尽管销售人员会带着很多疑问开展调研对话，但一般情况下，人们不太喜欢被问，哪怕是礼貌地问。我一想起和销售员的一次面试就感到兴奋。我认识到了善于调研的价值，我问面试者："在与客户的调研对话中，你最喜欢问哪些问题？""是这样，"他开始说，"我很乐意分享我最喜欢问的一些问题。但这么多年我发现，尽管我带着一系列问题展开对话，不意味着客户会回答。"他回答时的那种表情让我震惊（当然，因为这么多年来我仍然记得）。他后来成了我们的顶级销售人员之一。他的想法仍然是对的：人们不会因为我们的要求就把自己所知道的一切原原本本地说出来。无论如何，我们询问的关键在于实现调研的最大价值。

因此，基于这些考虑，让我们寻求一些策略和战术，集中注意力，用共情开展高效的客户调研。尽管调研确实复杂而微妙，但我还是将它分解为三步。

第一步：你想知道什么？

第二步：如何让他们告诉你？

第三步：如何展开对话，获得最大成功？

# 第一步：你想知道什么？

"我刚刚打了一个完美的调研电话！"我的一位销售员边喊边冲进我的办公室。当时，距所在创业公司的财政季度结束还有10天，公布每季度销售增长额很重要。工作人员都很忙，但和大多数公司面临核算年度收入时一样，最后关头我们还要补做很多的工作。

"真的吗？"我赶紧问道，"告诉我怎么回事。"

"好吧，"她喘着气，开始说，"他是这家软件公司的销售经理，很看好我们正在做的事情。我觉得我们可以在本季度与他达成交易！"

"太好了！"我半信半疑地说。在接下来的谈话中，我又问

了一系列有关她那个调研电话的后续问题:

● 客户是否明确表示希望启动并执行我们解决方案的时间表?

● 他是否分享了他对问题严重程度的看法?跟你交流了多长时间?

● 你有没有谈到他公司的采购审批流程?有没有说起在接下来的 10 天内如何完成交易?

● 你们讨论过价格和预算了吗?

核对完她的调研电话细节,很明显,她并没有真正得到任何相关信息。"那我清楚了,"我说,"那么听起来你和一个有礼貌的、喜欢我们的人友好地做了交谈。"

"废话!"她回应道,"是的……差不多吧。"

如果这听起来很熟悉,那你并不孤单。从调研电话中获得你想要的关键信息可能非常复杂。但就像与客户的任何互动一样,如果在没有准备的情况下参加一个碰头会议(我们经常这样做),你最终只会盯着一页页的笔记,这些笔记对你的生意几乎没有什么价值。更不用说,这对你和客户来说都是在浪费时间。如果你的目标是在谈话结束后,判断这将推进交易还是退出交易,你要知道你需要哪些细节信息。

接下来的几部分,我们将探讨销售可以从调研对话中收集到的三类客户信息,还要探讨客户反映的痛点和困难的类型,以及如何最有效地为这些谈话做准备。我们的目标是确保你挂断电话时,不仅能获得推进生意所需的关键信息,而且能让客户把你视为可以信赖、能帮助他们的人。

## 调研的三种类型

在客户调研对话中，我们想要知道的信息类型在我们能否集中精力和建立首要信誉方面很重要。但在决定我们想知道什么信息之前，首先要了解的是可用信息的类型。

客户调研中通常会讨论三种类型的客户信息：**知无不言、知而不言、不知不言。**

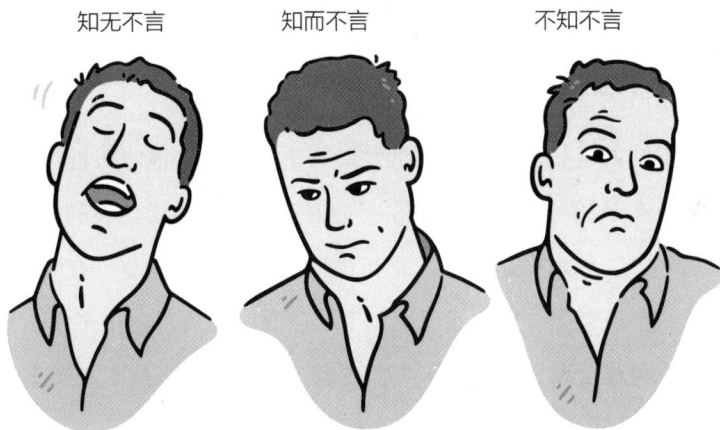

知无不言　　　　　　知而不言　　　　　　不知不言

**知无不言。**这是客户和销售都知道并可以畅所欲言的基本困难和需求。它们代表了销售对话的基本前提。例如，律师事务所的 IT 经理会联系网络安全软件供应商，咨询他们的产品。由于软件公司常与律师事务所合作，其销售人员对 IT 经理的需求非常了解。也就是说，如果销售人员问 IT 经理为什么对他们的软件感兴趣，销售人员会听到：需要保护公司私人客户数据，或者确保遵守当地政府保密法规。

举一个例子，一个中年男人走进健身房，询问一些私人训练课程。如果教练问他为什么对私教感兴趣，他可能会听到这样的回答：想保持身材，减掉几磅体重，或者能在操场上追上他的孩子。

知无不言，是一个基本的入场筹码。这意味着，作为销售方，你应该始终熟悉客户来找你的主要原因。如果客户没有这类需求，那么调研对话从一开始就不可能发生！

**知而不言**。买卖双方都熟知这些问题。然而，与"知无不言"不同的是，虽然销售方的经验告诉他们这些需求可能存在，但客户在最初的调研对话中并不会主动积极地诉说他们的需求。想象一下，如果你是客户，正与销售人员商谈。你也许在买车、西装、平板电视、房屋或雇用一个承包商。你是否会在充分说明所有相关观点和目的后再购买？或者，你认为销售员不知道或不配知道一些微不足道的细节，故而有所隐瞒。

假设前面提到的 IT 经理正在寻找安全软件，因为该公司刚刚遭遇客户敏感数据的泄露事故。因为数据泄露，IT 经理也许会丢掉工作。

健身房的那个例子，男人出现在健身房，也许是因为他的妻子觉得他没有性需求了。他认为，身材再好点，可能会重新点燃他们曾经的激情。

虽然销售人员希望客户自愿提供这些关键信息，但这些信息可能很敏感，客户守口如瓶，甚至觉得尴尬。因此，想要让他们互相坦白，首先双方必须建立信任。

**不知不言**。虽然销售方了解这类信息，但与前两类相比，客户可能几乎没有意识到这类信息。换言之，这些客户甚至不知道自己有这些问题，因此就谈不上自愿坦白了。

你是否曾是这样的客户，在销售互动中是销售方给了你一些难以置信的启发？也许，他们分享了一些有用的背景信息，或者同类客户的故事，从而拓展了你的认识。也许，他们引入了新的见解或统计数据，让你从不同角度考虑问题？你感觉如何？也许学到了很多？还是增加了自己的主动权？

比如，IT 经理可能意识到公司服务器或许已经发生网络漏洞，但厂家不说，他可能不知道有一种新型电子邮件病毒可以通过台式计算机上的漏洞渗入。健身房的朋友可能不知道，哈佛一项对比 10 年间心脏健康状况的研究显示，一次可做 40 多个俯卧撑的男性比那些一次做不到 10 个俯卧撑的男性患心血管疾病的概率要低 96%。

因为这些信息对客户来说是未知的，所以无论与销售方建立了多少信任，客户都不会提及这些。但是，如果销售方能够以协商和善解人意的方式提出来，就可以与客户建立最大的信任度。

为了能成为将客户的调研对话价值最大化的优秀现代销售人

员，你要对三类信息非常熟悉。然而，掌握知而不言和不知不言的信息，对客户树立你个人和企业的价值才最重要。

思考以下问题：

● 你的产品或服务会属于哪类调研信息？

● 说到知而不言的调研信息，你怎么能够让客户分享更多细节？

● 对于不知不言的信息，你如何向客户提出，才能让他们信任你，而不是把你看作令人讨厌、咄咄逼人的掠夺型销售员？

后面我们将继续探讨这些问题的答案及其相关策略。但此前，该深入了解客户的购买动机了。只有这样，我们才会清楚地了解我们想要的信息。

## 疼痛程度

客户从考虑到购买，有两个催化剂：痛感（避免现在或未来可能经历的损失的愿望）和获得（获得更多受益的愿望，可能我们今天正在收获）。正如在第四章讨论损失规避时提到，痛苦（或对损失的恐惧）是两股力量中更强的一种。但疼痛本身范围很广。换言之，疼痛千奇百怪，各有特性。就像前面讨论的三种调研信息一样，在高效销售周期运行期间，有些调研信息更有用。

这里要介绍的三种疼痛类型并不是本书独有。也许有经验的销售员已经熟悉，但在我们查验调研信息的类型及如何获取时，重温一下痛苦类型是很有帮助的。

**功能或技术上的苦恼**。这些苦恼与客户在操作、功能或技术方面的困难有关，就是问题的具体细节。此类疼痛的范例可能有：

- 在其电子商务网站结算页面上的成交率低。
- 患者因打鼾和频繁醒来而无法睡个好觉。
- 营销人员努力培养足够多的潜在客户。
- 软件工程师设法减少代码中的错误。
- 人力资源主管担忧最近公司员工调查中的敬业度不佳。

这些类型的疼痛虽然基本、常见，但它们很重要，因为代表着我们与客户的对话基础。

**可量化／财务苦恼**。这些苦恼是由个人或企业在业务或财务方面困难的可量化影响带来的。例如：

- 与典型网站的转化率相比，电子商务网站的低转化率意味着每月损失 100 万美元的收入。
- 员工的长期疲惫导致他们过去一年缺勤了 10 天。
- 营销人员带来的潜在客户比所需的少 30%，导致下游行业收入每年损失 530000 美元。
- 工程软件中的漏洞导致客服工单增加 20%，公司每月需花 25000 美元解决此问题。
- 员工敬业度低导致每月有 3 名员工辞职，公司得每位花费 260000 美元进行重新雇用、岗前培训及业务培养。

这些类型的疼痛可能涵盖前面讨论的三类调研信息。例如，员工敬业度的降低可能会导致更高的离职成本（知无不言）。对整体员工士气和公司声誉的影响也可能导致吸引和招聘顶尖人才的难度增加（知而不言）。这也可能导致公司整体生产力缺失，因为闲言碎语分散了团队的核心职责（不知不言）。

作为销售员，全面了解和探索这些疼痛的程度、充分利用客户的损失厌恶程度就显得十分重要。很多时候，客户固执己见，未能采取行动（如现状偏差），因为他们没有完全明白所面临的问题（和成本）。

**个人 / 战略方面的苦恼**。这些苦恼反映了困难对客户个人、战略或情感的影响。例如：

● 网站的电子商务转化率低，公司将失去市场份额并被主要竞争对手超越。

● 病人打鼾，妻子就不能与之同睡，这给他们的婚姻带来了很大的压力。

● 无法带来足够效益的销售人员可能会被解雇。

● 公司的软件持续出现漏洞，他们将失去 AAA 安全认证等级，从而导致三大客户流失。

● 员工辞职持续发生，不断增加的成本将导致公司无利可图，进而给高管团队及其投资者带来一系列难题。

这些类型的疼痛通常对销售和客户都是隐藏的，因此，通常属于"知而不言"和"不知不言"两类。其多面性和隐蔽性使它们成为最难发现的困惑类型。即使在相互信任的买卖关系中，客户也不愿意忍受或承认他们苦恼的问题。"那么，如果不解决这个问题，你会丢掉工作吗？"若销售员在调研对话中问到这个问题，你肯定不愿意回答，更不用说如实回答了。

在继续探索获得重要信息的方法之前，设想一下你的产品或服务对客户而言的苦恼程度，可能是个不错的练习。鉴于此，我们调研准备的最后一步就是，拿出你列的清单，找出真正需要了解的信息，以推进你的交易。

## 批判性见解

我们很容易对想要的调研信息感到不知所措。但是，无论多么有经验，销售员都不会在调研对话中留下他们想要的所有信息。尽管我们写了几页笔记，但我们一开始并没有搞清楚我们想知道的事情！或者，具体地说，我们不清楚需要了解哪些关键信息才能确定是否推进以及如何推进交易。我称这些为批判性见解。

我们已经了解了调研信息类型，下面这个练习可帮助你从调研电话中获得可以成就或破坏交易的特定信息。首先要想清楚最终目标，为你的通话做准备。

假设你的调研电话已经结束，你正低头看你的精彩笔记，问问自己，笔记中需要有哪些信息才能将调研电话定义为成功？

**第 1 步**：完成这句话。

　　"如果我们没有在调研电话中留下关于＿＿＿＿＿＿的详细信息，那就是失败的。"

　　例如，你的初始列表可能如下所示：

- 预算

- 决策过程

- 产品对客户的价值

- 竞争

- 引人注目的事件

- 时间表

- 我们正在帮助客户解决的问题

　　**第 2 步**：查看你的需求列表，并将它们从最重要到最不重要的顺序排列。毕竟，你不可能在通话中了解所有内容。如果你不相信，仍希望留下最重要的信息以推进交易，你的优先列表可能如下所示：

- 我们正在帮助客户解决的问题

- 产品对客户的价值

- 引人注目的事件

- 预算

- 决策过程

- 时间表

- 竞争

此列表顺序背后的原理是，如果我们不了解要帮助客户解决什么问题，以及解决该问题的价值（财务、业务或个人），那么成本是多少并不重要。一旦我们确定了问题和价值，我们就可以考虑预算和决策过程。然后，如果我们在第一到第四项方面做得很好，我们就可以更深入地研究使交易成功所需的其他因素。这只是一些说明而已。你对特定产品或服务的特定电话的优先级可能不同，甚至可能因客户而异。

第 3 步：制作问题列表和（使用我们即将介绍的策略）叙述，帮助你发现这些信息，在调研电话中解决它们。

这里有一些可以提供帮助的提示：

（1）让探索成为一项团队运动。为了帮助你快速、稳固地构建你的销售机制，确保信息列表能在团队成员之间讨论、共享和策划，这点非常有用。与其每个团队成员制作自己的调研问题列表，不如根据团队成员意见创建一个总列表。一个充分利用团队智慧且供每个人使用的调研手册，将极大地提高工作效率。

（2）寻找全面的问题。调研就像攀登一座有山峰和山谷的山脉。有些山峰更高更远，景色也更美。问题是销售员调查客户的需求和困难时，有时看到个山头就宣布胜利，没想到还有更高的山头要攀登。在数学中，这些峰值被称为局部最大值和全局最大值。在高效的调研中，你要确保充分了解客户的需求，确保你拥有完整、最有说服力的信息。

举个例子，假设营销机构的销售代表正在与客户通调研电话。

销售员：“在发展业务方面，您遇到的最大挑战是什么？”

客户：“我们需要更多的客户，但首先需要更多的销售线索。”

销售员：“那么，到目前为止，您为吸引更多潜在客户做了什么？”

客户：“我们一直在脸书广告和谷歌热词上下功夫。”

销售员：“怎么样了？”

客户：“不好！我们每月投资的花费为 12000 美元，但很少有高质量的潜在客户进入。我不知道这样做对不对。”

现在，销售员可以插嘴说：“完美。我们是脸书广告和谷歌热词专家，绝对可以改进您的策略！”但不会就此结束，假设他们继续。

销售员：“不介意的话我问一下，您的目标受众是哪个群体？”

客户：“我们主要针对千禧一代。”

销售员：“我想我知道问题出在哪里了。从 2017 年到 2019 年，千禧一代的脸书使用率下降了 22%。基于您销售的产品，投资搜索引擎优化策略比购买广告词要好得多。您需要的是整体战略的转变。”

客户：“哦！”

如果销售员关注局部问题，不继续探索，他们将花费无尽的时间和金钱来解决错误的问题。

**（3）记住谁的需求更重要。**说起调研对话和准确预测交易何时结束时，很多销售人员会寻找标志性事件——换句话说，交易在某个日期前完成的充分理由。有一项练习：拿一张纸，在中间画一条垂直线。在线的左侧，写下对你来说在某个日期前完成交易所有的重要原因，然后，在线的右侧，写下对客户而言在某个日期前完成交易所有可能的重要原因。你认为哪个更能吸引决策者？

请记住，作为客户，你可能会感谢你的销售人员有任务要完成，有产品要推销，有内部流程要遵守。然而，我猜测你依然认为自己的需求应该比他们的任何考虑都重要。销售活动的共情，意味着领会客户的紧迫感比领会自己的紧迫感更重要。你的调研专注于客户的需求，而不是自己的需求，你才会赢！

# 第二步：如何让他们告诉你？

想一条你不愿与人分享的信息，例如你赚了多少钱，或者你在努力解决的与健康相关的问题。假设有一个你认识但不了解的人在你面前，可能是工作中的新同事，可能是和你一起上过几次自习的大学同学，或者是你孩子朋友的父母。假设我告诉你，那个人和你有一样的敏感信息，而你的工作就是让他们把敏感信息告诉你。

你会准备什么？

你如何开始谈话？

你会问什么？

你会怎么问？

作为销售，我们在与客户互动中经常会遇到此类困难。这些困难在我们销售周期中的调研环节最为普遍。我认为前文提到的大多数个人和战略上的知而不言的困难都属于这一类。虽然客户可能不愿意主动提供这些信息（请记住，你不是医生），但如果我们的目标是帮助他们，那么将这些信息公开仍然很重要。

如果你要撰写调研手册，以下四种经过验证的科学方法可以帮助你快速与客户建立信任，使他们更愿意分享重要信息。

## 1. 给他们一个理由信任你

客户在调研期间向销售隐瞒信息的最重要原因之一是缺乏信任。具体地说，他们不知道你要怎么利用你所提问的信息——这就是他们不敢提供的原因。

假设你和我在一次行业活动中认识，几分钟闲聊后，我得知你是一家软件公司的产品经理。如果我问你，你挣多少钱，会怎样呢？你愿意提供这些信息吗？我怀疑大多数人不会。为什么？首先，你还不信任我。其次，你甚至不确定我为什么要问，如果你决定分享它，你也不知道我打算用这些信息做什么。这和在街上遇到便衣医生没什么两样。

因此，请想一想，在相同的情况下，我怎么问才能让你以一种舒服的方式来回答这个问题。最简单的方法是提供背景——提供我询问的原因。一旦你明白我为什么要问这些信息，你才有可能敞开心扉。

我获取这些信息最简单的方法之一是我会在问题后面附上一个简短说明，像"我之所以这样问，是因为……"。

例如，"我很好奇……你介意分享一下你赚多少钱吗？我之所以这样问，是因为我正在考虑转行做产品管理，但我不知道产品经理是做什么的"。或者"我之所以这样问，是因为我正在考虑为我的团队招聘一名产品经理，但我不确定合适的薪水是多少"。如果你觉得对方仍然不愿意回答，或者问题特别有争议，你可以使用限定句来增加舒适度和信任度。例如，"我不需要知道你个人做了什么，即使是同一工种的也可以"。或者"我知道你是那个岗位的资深人士，那入门级的薪水会是多少"？

将我们的注意力聚焦在买卖双方的关系上，想一想你在销售中可能会问的一些有潜在争议的问题。例如，你想弄清楚客户是否有足够的预算来购买你的产品或服务。为此，你可能会向客户提一个调研问题，例如："我很好奇，您有购买的预算吗？"你的客户可能有也可能没有预算。如果他们没有预算或没有考虑过，他们可能会变得害羞、防备或尴尬。如果他们确实有预算，也可能不愿意说出来，他们认为一旦你掌握了这些信息，你就会尝试降低价格或以某种偷偷摸摸的方式接近他们。和前面一样，在问题后面加上一段神奇的话就可以解决。例如，"我很好奇，您有购买的预算吗？我之所以这样问，是因为……"。

● "我们发现很多客户都没有。所以，如果您也没有，别担心！我们可以帮助客户在贵公司找到或筹备预算。"

● "客户往往会高估或低估他们对此类产品所需的资金量，所以我只是想了解您的想法。"

● "根据寻找产品所设定的时间表，把钱存起来会很有帮助。"

虽然这个简单的策略非常强大，但多思考会唤起你的共情。问问你自己，要你分享信息时你需要什么。然后使用相同的短语提供语境，让你的客户感到舒适。（小提示：在第七章中，我们将探讨"因为"这个词在处理客户异议时可能产生的不可思议的影响！）

## 2. 给疼痛分类

"这就是要排的队？开玩笑吧？！"

几年前我和家人去佛罗里达州奥兰多一个世界一流的主题公园度假，这是我当时的一段内心独白。热门景点的排队长龙真是不幸又无法避免的体验。作为三个孩子的父亲，我曾自豪地站在他们中间，但是在那次旅行中，在等待特别骑行的过程中发生了一些奇怪的事情。

在环球影城辛普森一家主题游乐设施前，当我在无尽的队伍中蜿蜒前进时，我越来越沮丧，想着："这还要花多长时间？！"

然后我走过这个标牌：

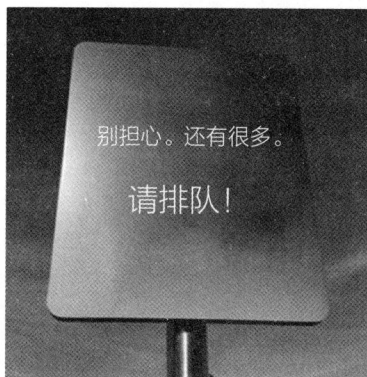

我即刻笑了笑。然后我开始放松下来，神情缓和，脸上也浮现出笑容。他们明白我！他们明白我正在面对什么。他们把我脑海里的叙述具体化了……你不知道，这让我感觉好多了。

作家丹·平克分享过一个类似的故事。一家人去纽约市一家博物馆玩，他的孩子们说很饿，结果在博物馆唯一的自助餐厅里排队的人像蟒蛇一样弯弯曲曲。但片刻之后，他看到了一个牌子上写着"别担心，排队非常快"，这同样改变了他的体验。

深入某人的潜意识，发现他们的想法或感受，并展现出来，这会怎么样？

FBI前国际人质危机谈判专家克里斯·沃斯（Chris Voss），在他的书《掌控谈话》中讨论了这种让人大开眼界的分类策略。书中，沃斯引用了加州大学洛杉矶分校的一项大脑成像研究，该研究发现，人们看到表达面部强烈情绪的照片时，大脑图像显示大脑杏仁核（大脑中产生恐惧的部分）更加活跃。但是，受试者被要求分类他们所看到的情绪时，活跃区域就会转移到控制理性思维的区域。其实，分类和情感表达本身会影响情绪。

假设你的腿上长了一种让你非常不舒服的奇特皮疹，要去看医生。这种情况已经 4 天了，但你不确定它是什么。你很担心，也有点害怕。假设你的医生看了一眼说："让我看看，它早上发热，下午发痒？""是的！""过去一周你有没有去过农场？""哦，天哪，我去过！""多半是这样。别担心，这是常见的对农村某种花粉的过敏反应，每年这个时候特别普遍，"医生接着说，"别担心，你是我本周见到的第五个有同样症状的人。"医生说完你很可能会立马放松，很快你也不害怕了。

在我们与客户的调研对话中采用同样的分类原理，会极大地影响他们吐露真情分享见解的意愿。我们给客户的感受分类时，实际上做了三件非常重要的事：

（1）我们阐明了我们想了解他们的苦恼（共情）。

（2）我们将自己视为值得信赖的顾问，有能力帮助他们（信任）。

（3）我们对自己应对挑战的能力充满信心（匹配）。

在客户调研对话中使用这种分类战术并不难。对话越来越深入，用一个简单的短语就能说明你们是怎样满足客户需求的，诸如：

　　"我每天都与像你一样的客户交谈，我听到的是＿＿＿＿＿。"

　　例如，我们再回顾一下健身房里与私人教练会面的男人那知而不言的担忧，因为他怀疑他的妻子认为他无性欲了。当然，由于这种苦恼个人化特征太明显、太敏感，如果教练简单地问这个人为什么对更严格的锻炼方案感兴趣，他可能会听到，"你知道，我只想身材变得更好，更精神点……"然而，想一下，如果教练一开始就问类似的问题会怎么样："我很好奇，今天是什么风把你吹进健身房了？我这样问是因为我看到中年人第一次来这里，通常是出于三个原因中的一个。他们锻炼要么是为某项运动（如铁人三项或斯巴达赛跑），要么是为自己的另一半，要么是医生告诉他们需要尽快踏上跑步机，否则心脏病会发作。"（笑着说）"可能你就是因为其中一个原因来这里的？"

　　这个人很有可能在听到教练清楚标记完他的苦恼后，就会敞开心扉。首先，他明白他的问题比他想象当中的要普遍，痛苦和忌讳已被消除。其次，通过给疼痛分类，教练将其从人脑的情感区域（在那里害怕的阴影会显得很大）转移到更容易解决的问题逻辑部分。最后，这个人将教练视为可以帮助他的人。

　　需要明确的是，我不是建议你在与客户的互动中用自以为是、无所不知的语气，我也不建议你在每次调研电话中都使用这种策略。但是，如果你觉得从调研对话中提取有价值的信息比较困难，或者你觉得在与一个有点戒备或防御心理的客户合作，使用分类方法能帮你建立最重要的个人联系。

这个策略强大的另一个原因是本章开头提到的第二大调研困难，客户所经历的痛苦太陌生、复杂或隐蔽，无法清楚地表达出来。

例如，我与许多雇有大量年轻员工的客户合作。虽然年轻的销售员对企业来说更划算，因为他们对自己的职业更有激情，更好学，但他们往往难以用需要的故事、直觉和信念去说服要拜访的年长成熟的客户，我称这种不平衡经历为"不对称"。这不仅是我一直看到的挑战，也在我销售生涯早期经历过。讽刺的是，尽管这个问题非常普遍直观，但迄今为止，我从未遇到过因为不平衡经历，能明确表达出有困难而来找我的客户。这是因为很少有客户会停下来思考这种不平衡，思考在他们的销售业务中如何发挥作用，甚至如何描述它。

当我与那些雇用年轻员工的客户交谈时，我每次都会提出经验不对称的问题。在这些情况下，我给他们的疼痛分类，清楚地表达出来，并告诉他们这是我一直以来发现的状况时，我总是会听到诸如"是的！是的！我们有！有什么可以帮到我们的吗"之类的回答。当然有，如果不能，我就不会提出来。

简而言之，如果你的分类技巧能够比客户自己更好地描述所遇到的问题，他们会自动认为你有理想的知识、经验和产品组合来帮助他们解决问题！（他们可能是对的。）

这是一项有益的练习，我建议你与你的销售、营销、成功人士和产品团队的主要成员坐下来，调整你在整个企业中看到的一些以客户为中心的疼痛分类。由此找机会将这些困难纳入你的销售活动。

### 3. 采用积极的怀疑论者的心态

假设你想购买二手车，在线调查后，你决定亲自前往实体店看一看。你走进展厅，发现了喜欢的车，小心翼翼地溜过接待台，环顾四周以确保没有销售人员。你打开试驾车的侧车门，悄悄地进入驾驶室。你准备好好看看车况，却被侧窗外狡猾的吼叫声吓了一跳。

"真适合你！"销售员笑着说，"你想什么时候提车？"

你一边惊讶地翻着白眼，一边思考为什么销售员还在说这种话。

那么他们为什么这样做呢？

历史上，如何补偿和激励销售员是销售最大的驱动力——具体来讲，在规定的财政期内完成的任务越多，收益就越大。首先，我们以丰厚的佣金、奖品和异国旅游奖励那些销售额完成最高的销售人员。其次，我们还会使用排行榜和销售竞赛等方式去开展合理竞争。这些大肆宣传、充满压力和不受约束的资本主义形式，有时会催生错误的行为。有些行为也并不总是符合客户的最佳利益，在发现初期，这些行为会影响销售员的判断力，妨碍他们开展清晰、客观的重要对话。

为了成为销售冠军获得大笔奖金，我们对每个销售机会都过于乐观。我们以为可以将产品销售给任何人，并且大多数开支票的人都非常适合我们的产品。因此，我们的方法和系列问题与该假设保持一致。换句话说，我们的行为方式和调研问题都以"客户应该也会从我们这里购买"的既存信念为准。这种心态就是确认偏差，与第三章探讨的现象相同，它可以迅速成为发现客户过程中最大的隐形杀手。

### 确认偏差

确认偏差是一种人们用证实既存想法的方式去搜索、解释、支持及回忆信息的认知倾向，在销售领域，通俗地称其为"开心耳朵"。可惜，许多销售员事先已经掉入了陷阱中。带着"确认偏差"进行销售，让我们感觉良好，因为它让我们的头脑中充满了关于业务和收入预算的积极和令人鼓舞的想法。但它有个很大的弊端。

首先，会立刻令客户反感。客户能感觉到我们的确认偏差。大多数人讨厌被销售员压迫、"出卖"或欺骗的感觉。最终买卖双方之间的信任受到侵蚀，客户不愿意分享他们的需求和困难的关键细节。其次，确认偏差遮蔽了我们对客观性的感知。它蒙蔽我们，阻止我们正确解读客户的购买信息，尤其是让我们忽略了负面的购买信息。结果，即便客户不感兴趣，我们仍然希望他们"回心转意"，因为我们会继续寻找他们感兴趣的证据。我们的销售周期延长，成功率降低，销售预测的准确性也会受到影响。

尽管确认偏差的弊端很大，但有一种非常简单的方法可以将其避开，让客户敞开心扉。请采用积极的怀疑论者心态：真正想帮助客户并希望产品适合客户的人，即便在接触初期怀疑客户不是真正的目标对象，也要寻找证据证明他是。事实上，这种方法从统计学角度看是合理的，就像棒球运动中最好的击球手一样，他们失球的次数比他们接球的次数多，即使是最好的销售员，失败的交易也比成功的交易多（确实如此，这里的"失败"包括第二章所讨论的流行选项——"不作为"）。

欣慰的是，有个简单的口头禅有助于建立消除确认偏差的心态："这并不适合每个人。"

**你不能代表大家**

你是否买过这样的东西——听起来不错，其他人也觉得很有价值，而你不觉得它有价值。或者，你带家人去了单身朋友推荐的餐厅，最后你却不喜欢，因为你挑剔的孩子在精致的菜单上找不到他们喜欢的食物。或者，你可能买了一台昂贵的新电视机，但安装后你就后悔了，因为在客厅墙壁上占了太多空间。

其实，不是所有的产品都适合不同类型的客户，你的产品或服务也不例外。作为销售人员，你的工作不是让每个人相信你的产品是他们想要解决问题的最佳选择。想想看，如果把你的产品或服务卖给愿意付钱给你的人会怎样。成功把产品卖给不合适的客户可能会对你的业务造成极大的损害。虽然收入在初期会增加，但客户满意度和流失问题会变得严重，品牌和声誉会随之受损，甚至导致公司的市场营销和产品策略遭到破坏，因为你要不断安抚那些一开始就不该购买你产品的客户。

如果发现客户不确定产品是否适合他们，请使用"这不适合所有人"的语句并强调适合的客户类型，而不是坚持说服他们就是适合产品的客户（满足你确认偏差的心态）。

例如，"这台80英寸超清电视机是市面上最好的，价格也合适，真的很神奇——但它并不适合所有人。它是专为喜欢玩电子游戏和观看真人比赛的用户设计的，当然，也适合有足够空间和预算的人。如果您的客厅较小，或者大部分时间都在看电影或电视节目，您可能要考虑不同的型号"。

在前一章的两极分化信息中，我举了创业公司开发新时代反馈、指导和认可的产品的例子。我们的产品能够代替许多员工讨厌的老式绩效评估流程，但这肯定不适合所有人。许多传统的人力资源专业人士反对我们的产品，我们回应道："嘿，这并不适合所有人。如果你的评估过程运行良好，你的员工得到了他们需要的反馈，你也看到了想要的性能改善，你应该继续保持原样。我们的产品是专为希望帮助员工获得更多他们要求的实时反馈和指导的企业而设计的。"

这种排他法十分有效，原因有三。首先，让销售员退出销售是违反直觉、令人惊讶的，甚至会吸引客户。毕竟，客户都认为，销售人员是用确认偏差来销售（这是大多数人不喜欢与销售人员交谈的原因之一），你却不强迫他们购买，还表现出同情心，做出让他们满意的承诺。其次，两极分化的情绪实际上迫使他们自行决定产品是否真的适合他们。如果他们最终选择购买，他们的决定就会更加坚定、安全。最后，无论他们是否决定购买，让他们自行选择可以节省交易成功或失败的时间，保证你的销售道路通畅，目标明确。

在继续讨论另一个如何与客户建立信任的方法之前，我想提醒你：这种策略很容易适得其反！

虽然这种简单的策略对销售员来说强大有力，但我也看到许多销售使用不当，结果无意中就把客户拒之门外！

第一章里我讲了一个故事，我的一位销售员尝试这种方法后，我接到了那位愤怒客户的电话。客户希望投资客户关系管理产品，想在赛富时（我们的产品）和微软（竞争对手）之间选一个。她告诉销售员她喜欢赛富时，但微软的产品要便宜得多，销售代表回答："好吧，那你为什么不去购买微软的产品呢？"这种方法的问题在于，挑衅的语气和措辞会严重影响客户对这句话的理解。

有个简单的例子可以说明这一点。假设你在寻找私教课。健身房的教练告诉你，私教课是一对一，每月 1000 美元，每周四次。你说："哇！这真是既花钱又耗时。"教练不想说服你是错的，决定使用"这不适合所有人"的策略，可能会有两种措辞。

● "嘿，我完全明白。每月 1000 美元，每周四次课的投资并不适合所有人。它专为关心自己健康和家人，想确保自己能在未来的岁月陪伴亲人的人们设计的。但如果不适合你，没关系！"

● "嘿，我完全明白。每月 1000 美元，每周四次课的投资并不适合所有人。但从我干这行的经验来看，人们每周只训练两到三次时，通常看不到想要的效果。我最不希望看到您花了宝贵的时间和金钱，却没有效果。所以尽管我也知道这是一项巨大的投资，但它确实是效果所需。嘿，如果不适合你，完全没关系。"

看到差别了吗？作为客户，我不喜欢第一种措辞，因为我基本上被贴上了浑蛋的标签，一个不关心自己健康和家人的浑蛋。其实，我认为教练那样说话才是浑蛋。但第二种措辞不一样。教练和我站在一边，表现出同情心。他已经把自己视为一个想要帮助我解决问题的专家，但他也在努力确保符合并接受我期望的结果。他宁愿看到我完全不做这件事，也不愿看到我做了但不成功。

在你使用此策略时，确保方法、语气和措辞都表达了你希望看到客户最终选择了最佳产品的愿望，这一点非常重要。如果你这样做，即便你的产品并不适合他们，他们现在或未来也会从你这里购买！记住，正如在第三章中讨论的，人们对他们重视的事物进行投资，而价值与投资回报率不同。要让客户把你视作一个为他们的利益服务的人，正如在第四章中讨论的，简单的倾听行为有着同样的情感影响。这让你在你客户心中产生了无限价值！如果你的方法没有传达此意，则会产生完全相反的效果并将客户拒之门外。

## 4. 允许他们说"不"

在 4S 店运气不佳，你决定去商场购物以调整情绪。逛商场的时候，你留意到一个商店橱窗展示了一批新的春装。你想起一直想买一件夹克去度假，就决定进去看看。走进商店时，你注意到一个导购员随意地待在房间的角落，你当作没看见。但当你浏览商品时，你看到他已经离开了原来的位置，向你走来。一想到将发生礼貌但不舒服的博弈时，你脖子上的汗毛都竖起来了。三秒钟后，这一刻来了。

"有什么我可以帮你的吗？"

"嗯，不……没事……我只是随便看看。"

"没问题。如果你需要我，我就在那里。"

别担心，你心里想，我不会的。

为什么我们不假思索地要抗拒试图帮助我们的销售人员，即便他们看起来和蔼可亲？后来人们发现，这是一个易于理解的心理学原理，称为心理抗拒。你可能会在客户没有意识到的情况下引发这种负面情绪。

抗拒是指感觉到行为自由受限而引起的抵抗。例如，你是否曾路过一个贴在闪闪发光的墙上的牌子，上面写着"油漆未干"？接下来你想做什么？当然是摸一摸！或者你有没有路过一处整齐的草坪，上面标着"不要践踏"？你当然想感受软软的草带来的舒适感！

当我们觉得某人或某事限制了我们的选择自由时，我们会收回、抵制、变得封闭，以维护我们的独立性。而对于现代客户来说，如果他们觉得一个咄咄逼人、自私自利的销售人员哪怕是用最轻微的方式强迫他们买东西，六英寸高的钢筋墙也会冒出来，使销售人员几乎无法与之联系。

**你使用攻击性技巧的次数可能比你想象中更多**

可惜，多年来，销售人员一直被教导要把那些引起逆反心理的策略融入他们的销售行动中——许多都是为了促使顾客购买而设计的"诱捕"或"成交技巧"。

例如，你是否曾遇到销售员问"为什么今天无法购买"。即使你正考虑购买，这种被限制的感觉也很有可能会让你感到不快，你可能会说："啊，我还是不确定，要再考虑一下。"然后，如果销售员这样说："好吧，但我们只剩下一个你想要的尺寸 / 颜色 / 规格，我怕你现在不买，再回来时可能就没有了。"你会怎么想？你很有可能会礼貌地为自己找个借口，到别处去逛逛。

即使是看似微不足道的策略也容易引起我们的反感。例如，你是否曾遇到一个未曾谋面的销售员冷冰冰地说："我想和你谈谈我们的产品如何帮助你实现目标。我周三下午 2:30 有空，可以吗？"虽然销售员可能认为他们扫除了会面时间的障碍，让他们的需求更容易满足，但事实恰恰相反，将会议日期和时间强加给客户同样令人反感。

### 帮助客户敞开心扉的简单方法

欣慰的是，通过避开抗拒来加强你的调研活动可能比你想象中的要简单。如果抗拒是源于自由和选择的限制，那么恢复自由选择就可以抵消这种策略的负面影响。

为了研究抗拒现象，法国行为科学家尼克拉·盖冈（Nicolas Guéguen）和亚历山大·帕斯卡（Alexandre Pascual）进行了一项实验。一个阳光明媚的春日，他们让助手在一个购物中心随机拦住路人，问他们是否有多余的硬币来买公交车票。第一组实验中，助手只是简单地向受试者询问是否有硬币。第二组中，助手提出了同样的要求，但附加了一个短语，表明受试者可以完全自由地接受或拒绝采访。结果令人震惊。第一组实验中，问题回答率为10%。第二组实验中，回答率上升到47%。增加了近四倍！为什么？当助手明确受试者有自由拒绝采访时，受试者的抗拒心理不会被触发，可能更愿意配合。

那么你如何在销售和调研活动中利用这种方法呢？下面的例子可以说明如何将你的请求与抗拒"保险阀"结合起来。

电子邮件

**糟糕的措辞**："让我们谈谈您的需求。我周三下午 2:30 有空，这个时间可以吗？"

**好的措辞**："如果您觉得这次聊天还不错，这是我的日程表。随意选择一个最适合您的时间。"（注意：有许多日历应用程序甚至是免费的，有助于促进这种互动。）

**打调研电话或会面结束时**

**糟糕的措辞**："为什么您今天不能购买？"

**好的措辞**："我们的产品似乎很适合您，如果您今天有兴趣继续了解，我很乐意帮助……如果不想继续，我也很乐意与您商量什么时候方便。"

**调研会议开始时**

**糟糕的措辞**："今天调研电话后，我想和您的管理团队安排一次会议。"

**好的措辞**："感谢您今天抽出时间交谈。如果电话进展顺利，大多数客户会觉得与管理团队见面对下一步很有帮助，但我们可以到那时候再做决定。如果出于某种原因您觉得没必要继续谈下去，那也没关系。我仍然乐意分享一整套免费资源，以帮助您前进。"

注意，我不是在建议现代销售员"服软"或避免向客户制造紧迫感。毕竟，惯性、现状偏差和可怕的"无作为"都具有很大影响力，而且在许多情况下，如果你让客户轻松退出，他们就会接受。我建议我们应该更加注意我们的方法是如何在不经意间引发客户抗拒，给他们在信任方面带来过度压力和紧张。

因此，如果下次客户对调研方法感到厌烦，或者对你的计划不感兴趣，问问你自己是不是限制了他们的自由和选择而无意间引起了他们的反感。只需对你的销售动作稍作调整，即可确保客户参与进来，就和预期一样。

# 第三步：如何展开对话，获得最大成功？

清晰把握调研对话中获得的关键信息非常重要，帮他们敞开心扉的谨慎策略也同样重要。在最后一节，我们将探讨一些更高级的对话策略，提升你的调研活动水平。

## 克服经验不对称

我曾与一位高级销售主管交流过，他提到他的销售代表在拓宽交易渠道上遇到了麻烦。

"什么问题？"我问，"您的销售团队是不是没有足够的潜在客户？"

"不，"他说，"他们有很多客户需要拜访，但他们只是没有联系到决定购买的客户。"

"为什么？"我问道，"他们不知道谁是真正的购买者，或者不知道怎么跟这些人打电话？会不会在错误时间打电话？"

"不，不是那样，"他继续说，"我觉得问题在于我的很多员工都比较年轻，是团队的新手。他们只是缺乏信心给高级客户主管打电话谈业务。"

"为什么呢？"我问。

"因为他们觉得没有找到合适的措辞和观点，觉得自己可信度不高，无法为对话增值，觉得在打扰客户，他们害怕。"

问题的根源就在这里。

尤其是当下 B2B 销售周期变得越来越复杂，经常涉及双方的多个利益相关者，但大多数情况下仍然以两人之间的对话开始，不过不是两个平等的同龄人。从本章开始，我们简要讨论了"经验不对称"——一个年轻、新来的或经验不足的销售或业务发展代表拜访一个高级客户，特别是在销售员不了解客户工作的情况下，就会造成这种不平衡。这种不平衡会给买卖双方带来许多的挑战。

一方面，我们了解的，客户一般不愿与销售人员交谈。当得知与年轻的销售人员联系，他们更加怀疑这个人能否胜任这项工作或能否以其他方式解决问题，这是可以理解的。另一方面，年轻的销售员在努力弄清楚如何超常发挥，快速建立自己的信誉，为客户提供足够的价值，促进客户购买。这是我在销售生涯早期亲身经历的一个问题。

我的第一份销售工作是在一家高速发展的软件公司担任销售工程师，当时我 25 岁。我们为一些世界上最大的制造企业提供考勤服务。我们许多客户的老旧考勤制度已经运行了几十年，现今依然在用。

我清晰地记得一次与重型建筑设备制造商的碰头会议。会议室里挤满了高层领导，讨论开始，其中一位高管面带微笑地对我说："我敢打赌，我们这里的系统比你还老！"笑声在房间里回荡。当时我虽年轻，但不是第一次参加董事会碰头会，我信念坚定。我不仅对我的产品了如指掌，而且非常熟悉许多企业面临的运营挑战，因为在我任职期间与许多类似企业合作过。

接下来的几个小时，我使用了各种策略来消除别人对我印象的"经验不对称"。会议结束时，那位高管向整个小组说："哇，你们知道吗，我想如果有一个年长的人进来告诉我们最新的技术，我们就不会相信他了！"所以永远不要害怕！作为销售员，你可能会发现周围到处是"经验不对称"，或者你觉得自己不可靠。在这些情况下，你说话的内容和方式会极大地影响你的成功。这里有一些策略可以帮到你。

**（1）充分了解你的听众，读懂他们的心思**

一位销售员在电话调研中，声音颤抖但清晰地说明了问题。客户说："哇！这个人就能帮到我。"没什么比这更能与客户产生共鸣了。这正是之前介绍的分类策略的目标。当你给某人的疼痛分类时，即使没有内化或清楚地表达出来，也能说明你有能力帮助他们。例如，你开始与客户对话，可能会说：

"我每天都和像你一样的客户交谈，我听他们说的第一个困难是_____。"

想想看，你绝妙的总结不仅准确，还在对话一开始或客户分享信息前就抛出了信息。你可能不仅会听到客户说"没错"（或类似强烈的肯定），还会与客户产生强烈的共鸣，提高你的个人可信度。

那天我站在会议室里，描述了这些人面临的困难。随着工会和州法规的变化，他们花了数年时间努力正确地计算员工的工资。过时的 IT 带来了一定的麻烦，我又向他们描述了我们的软件如何解决这个问题。他们对我年轻无知的看法立即消失了。

请记住，你的分类应该具体、有针对性，且容易理解。你可以结合在第五章讨论的两极分化信息。例如：

**糟糕措辞：**"我每天都和销售领导交流，他们像你一样正在寻求更好、更有效的客户关系管理系统。"

**优质措辞：**"我每天都和销售主管交流，我一直听说，他们不相信客户关系管理系统的信息是最新的。"

**糟糕措辞：**"我每天都和人力资源领导交流，他们希望加速绩效评估流程，并使其自动化。"

**优质措辞：**"我每天都和开明的人力资源领导交流，他告诉我，员工喜欢听到反馈，但讨厌绩效评估。"

### （2）建立可信度

让我们明确一点。如果你是销售新手，刚到公司，年轻、经验不足，那么你很可能在客户中的可信度非常低。所以诸如"我发现的是……"或"我认为……"这样的话，效果微乎其微。你猜怎么样？没有人在乎你是怎么想的。

尽管如此，客户和企业的集体经验更有分量，可信度更高。毕竟，成功和价值故事都源于这些经历。那么你如何转移信任的负担呢？很简单，引用可信人士的话，比如，"我们的客户一直发现……"，"我们一次又一次看到……"，或者"顶尖的产业分析师一直在报道……"。

说"我们"而不是"我"，可以强调公司的集体经验。这个概念看似很简单，但它需要与实践相联系。我们习惯发表个人观点，因此在面对面交流时，要养成一个习惯——站到别的立场讲故事。

案例可以成为销售周期内建立信任的重要来源。但为了在讲故事时显得值得信赖，你要非常了解他们。收集故事时，你要非常清楚客户想要实现的价值，以及在此过程中得到的经验教训。你讲述故事时越自然，就越可信，为客户增加的价值就越大，与他们接触就越自信。

### （3）坚定地阐述论点

正如本书中探讨的，购买体验（或你的销售方式）比你销售的产品更为重要。所以你在讲故事时，怎么说往往比说什么更重要。不是所有客户都认为你是权威，但他们仍然会回应你的热情。坚定地陈述你的案例，表明你不只在背诵脚本，还在分享权威知识。第五章介绍的令人信服的推广策略就是个很好的开始。但是，如果你还不自信，请检测一下你的热情程度。

假设你在彩票委员会工作，工作是打电话告知刚赢得 1000 万美元大奖的人。你会怎么说？你的语气和肢体语言要传达什么信息？然后扪心自问，你打电话给客户或向他们描述你的产品价值时，你的声音是不是这样？或者像是在打扰他们，因为你有这种感觉？

我与客户互动的时候，我完全相信我们的产品不仅是市场上最好的，而且是最适合他们的。不管他们是否信任我，我自始至终表现出自信来。

在吸引客户方面，缺乏个人经验和价值的体验，可能是目前成功建立销售信任的硬伤，尤其是那些刚加入公司或刚参加工作的销售员。虽然还面临着缩小与客户的距离的挑战，但其回报可能远远不只简单的交流，还有助于加快销售周期，给你的事业加分。

面对经验不对称，请记住，关键在于尊重。你希望潜在客户可以信任你，同样，潜在客户也希望你了解他们的资历和经验。其他事情一样，重要的是少说、多听、多问，让客户知道你谦虚好学。你做得越多，他们就越相信你能提供价值。

## 消除你和客户之间的情感隔阂

放射学是医学中最孤独的一门学科。放射科医生大多数时候待在暗室里，盯着高分辨率的 X 射线图像、CT 扫描图和核磁共振成像（MRI）。他们很少和病人面对面接触，但他们的工作非常重要，只是临床练习的对象由活生生的人换成了静态的报告和图像。早在 2008 年，年轻的以色列放射科医生耶和纳罕·特纳（Yehonatan Turner）决定做一项实验，征得 300 名患者同意后，他将患者的照片附在放射片旁。他发现，在附带患者照片的情况下，与没有附带患者照片相比，片子的偶然发现（放射科医生没有被指示发现的健康异常）增加了 80%。

造成这种现象的原因就是"抽象"。简而言之，当环境或个人的细节公开或明确时，人们的行为就会不一样。例如，有一天你开车上班，某个浑蛋突然变道，挡住了你的路。你会如何反应？你可能和大多数易怒的人一样，会尖叫、大喊、咒骂（取决于与你同行的人）、握拳或做出其他手势。有趣的是，平时生活中可爱的你并不会做出这些举动。但如果你知道对方是谁，即使你不了解他们，你会那样做吗？比如，他们是同事、一周前聚会上认识的人，或是和你一起健身的人。你可能不会咒骂，因为熟悉的环境可以防止过激的反应。

抽象概念也解释了在买卖双方的互动中，为什么客户很容易诋毁他们讨厌的销售人员。实际上抽象可以让客户将销售员想象成一个刻板、低劣、自私的二手车销售员，而不是一个诚实、以客户为中心、能提供帮助的专业人士。再者，抽象的东西也会使销售员无法准确判断客户的需求，还会加固确认偏差，如我们所知，确认偏差是开启高价值客户对话的隐形杀手。

如果你想减少抽象，与客户建立一种更亲密的联系，有三种方法可以确保你避免陷入千篇一律的困境。

**（1）与客户面对面**

2014 年年底在赛富时任职期间，我手下有 50 位聪明、满怀热情的销售代表。首先，我与每个代表见了面，以便让他们熟悉我以及我们的业务。我问了他们每个人一个问题："如果你能回到过去，会给刚工作的自己一个什么样的建议？"毫无疑问，最常见的回答是："我希望我能早点进入我的领域，亲自会见我的客户！"

无论你在电话中多么有魅力，当我们与客户面对面时，一些神奇的事情总会发生。抽象和距离的假想层会消除，你的客户不再属于客户关系管理的领域，而是成为你可以深入了解并与之建立联系的一个人。与电话或电子邮件相比，你与客户见面，他们更可能会与你分享有关业务的战略、个人见解及投资你们产品的潜在动机。在见面之后，他们给你回电话时也更有可能带着强烈的责任感!

**（2）视频调研**

如果出门拜访不属于你的职责范围，那么在许多情况下，通过视频通话也可能会有同样的效果。如今，视频会议工具使用方便、价格合理，效果和现场访问一样，可以显著提高买卖双方的亲密程度。产品电话调研也是如此。是因为双方快速建立信任和融洽关系后，调研对话的价值和效率就会大大提高。双方评估彼此是否合适时，也更容易产生重要信息。

在某些情况中，视频通话实际上比现场会议更有效，原因很简单：背景。有没有注意到，纯语音通话时，你经常从谈论天气开始？因为没有任何视觉提示的情况下，天气是开启融洽对话的最人性化的话题之一。但是视频通话时往往会发生有趣的事，也许是一件有趣的艺术品、外面的景色或者是他们的办公环境。不管怎样，最坏的情况，他们周围发生的事情可以成为对话的开始；最好的情况总比电话会议人性化。

Gong.io 在分析了 121828 次网络销售会议后发现，成功的交易中使用网络摄像头的频率比失败交易高 41%，这就一点也不奇怪了！他们还发现，会议期间优秀销售代表在摄像头前面的时间更多。

交易还是不成功？那就问问自己：如果是通过视频连接而不是语音通话，我是否有可能与客户建立融洽的关系，他们是否更愿意分享周围更多的私密细节？如果你要视频通话，请确保双方都打开摄像头。单向视频通话简直让人毛骨悚然。

注意：很多销售员认为与客户建立融洽关系都必须通过电话完成。除视频之外，最好确保有多种渠道来增加价值、建立信任并推动你们的关系向前发展。

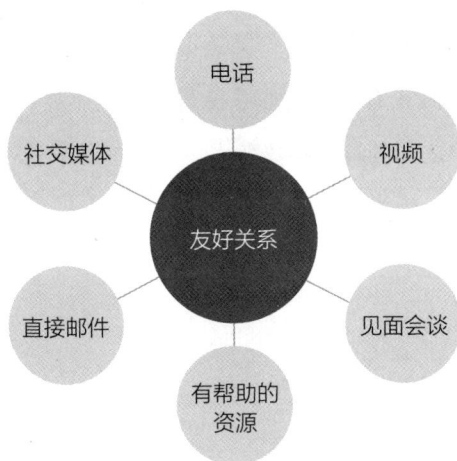

### （3）让客户与你的团队分享一手信息

宾夕法尼亚大学沃顿商学院的管理学教授亚当·格兰特（Adam Grant）做了一项实验，证实了消除抽象可以拉近与听众之间的距离。他让获得校友资助奖学金的学生跟筹款代表分享了有关奖学金如何影响和改变人生的故事。结果，捐赠收入平均每周增加了 400%！

　　案例研究、推荐信和投资回收率计算器都是帮助你的销售团队向客户传达产品价值的绝佳工具。但是，要想真正拥有现代销售员需要的强烈信念，没有比亲身体验过的人讲述案例更有说服力的了。在《团队领导最后吃饭》（Leaders Eat Last）中，作者西蒙·斯涅克概述了一个类似的基本原理："作为社会动物，看到所花费的时间和付出的努力带来的真实具体影响很重要，因为这赋予了工作意义，让我们有动力做得更好。"

　　现代销售员发现我们的产品逐渐淹没在相似的海量产品中，买卖双方建立真正有意义的联系变得越来越重要，也越来越难。如果你和客户之间的情感距离变大，使用这三个技巧可以帮助消除你们的隔阂，让关系重回正轨。

## 付出与回报

　　如果你近年住过酒店，你可能会注意到梳妆台上有一张印制的小卡片，上面写道：请重复使用你的毛巾，而不是送到洗衣房，以节约水电。酒店通过一个简单的请求提高你对环境的责任感。无论你是否照做，你考虑过你做决定的依据吗?《赞同! 50种科学证明的说服方法》一书的作者们做了一项实验，研究他们怎样通过改变卡片上的措辞来影响人们的决定——具体地说，通过说服理论中最古老强大的一种力量——互惠来影响。

互惠是一种通过实物相互激励来驱动行为的力量。简而言之，我想要你的东西，作为交换，我需提供一些东西作为回报。例如，我希望孩子们可以按时刷牙、睡觉，不要大惊小怪;作为交换，我可能会延长他们第二天看电视或平板电脑的时间。或者，如果我要搬家具，可能会请朋友过来帮忙，然后请他们吃比萨喝啤酒作为感谢。后来发现，操作顺序比我们想象中的重要得多。

作为基础设备，研究人员首先在酒店房间放置卡片，强调毛巾重复使用的环境效益，但没有说明这样做的动机。下一步是改变卡片上的措辞，表明如果客户按照卡片上的要求做，酒店将会把节省的一部分能源经费捐赠给非营利性环保组织。"你为我做这个，我将为你做那个"的提议恰似我孩子的就寝惯例。但有意思的是，这种激励措施并没有提升客户的遵从率! 然而，当研究人员颠倒奖励顺序，表示酒店已经将预期节省的一部分经费捐赠给了非营利性环保组织，他们发现有了惊人的变化:遵从率提高了 45%!

第四章在"倾听"语境中我们讨论过互惠是最强大的商业手

段之一。我们倾听客户的意见并对他们的感受和言语表现出兴趣，就会激发他们的互惠意识，让他们更可能倾听我们的意见。将此原理进一步扩展到现代的销售领域，意味着作为销售方，我们应该在客户提出要求之前不断为其寻找增值之道。

消费周期通常有一段平静期，这期间客户会考虑是否购买，其他优先考虑的事项也会改变客户心意，或者让其失去兴趣。也是在这段时间，销售人员不断跟进，尝试重启销售进程。可惜，大多数情况下仅仅是用常见的"只是问问……"电子邮件或推销电话迎合客户，这种策略虽然礼貌，但价值不大。相反，请考虑一下你的销售如何为客户带来真正的好处。

我知道的一个绝佳的互惠案例，是一家独特的在线服务公司创始人的推销形式。当时我是一家软件公司的销售副总裁，这个创始人提供一项提醒服务，即如果我们的一个主要客户跳槽，他就会通知我的团队。例如，克莱尔是阿尔法公司（Alpha Co.）的高级营销副总裁，也是你们产品的忠实"粉丝"。当克莱尔离开阿尔法公司成为贝塔公司（Beta Co.）的首席营销官时，因他是你的一个长期潜在客户，你非常乐意有人通知你，方便你与他的新公司建立联系。这位创始人本可以直接联系我，介绍他们产品的优点。毕竟，他的价值主张简单易懂，清晰明了。但他另辟蹊径，访问了我们的网站，记下了我们客户页面上推荐信中的所有人。然后他给我发了电子邮件，告诉我一个重要客户最近要搬家。我们之前当然不知道这个客户要搬家！该策略既向我们展示了他的产品，又促使我们参与其中了解更多信息。

销售专家杰弗里·吉特默（Jeffrey Gitomer）著有 15 本书，其中包括《纽约时报》畅销书《销售圣经》和《修成正果的职场小金书》。有一年在一次会议发言中，我听他分享了建立互惠方面相当有影响力的观点："不要告诉客户他们不了解你的事情，要告诉他们不了解自己的事情。"前提很简单：很多时候，我们认为销售员的角色是启发客户，帮助他们理解销售价值。相反，帮助他们认识自己的处境是一个更远大的目标。这就是我那天从那位创始人的推销中感悟到的。

但是，促进互惠互利的策略并不总是很优雅。例如，将客户引到你认为他们会喜欢的文章或商业书籍上，或者将客户介绍给志同道合的客户，或是介绍给可以提供帮助的第三方专家，这都是一个不错的开始。请注意，分享内容时最好与你的品牌或公司保持距离。例如，与其让客户去看你网上的白皮书，还不如分享来自《哈佛商业评论》的相关文章会显得更真实，还会带来更多互惠。

虽然你可以通过很多方式为该客户增加价值，建立互惠，但关键是无论你做什么，都绝不能带任何附加条件。虽然你希望有一天对方会回报你（例如，让你接触他们的业务或最终购买你的产品），但无论他们是否这么做，你的姿态都要独立起来，使之成为一种增值体验。

# 学会对话式提问

"哦，这是个好问题！"客户笑着说。

对于大多数销售员来说，听到客户这样说就像挖到金子一样高兴。这种情况下，你知道既发现了一些有价值的东西，又建立了一些急需的信任。不过，销售员提出的许多问题并不都会产生这样的回应。

现代销售员在高效的销售调研中的提问方式会在无意中给自己制造大麻烦。核心地带（HubSpot）[①] 的创始首席风险官马克·罗伯格（Mark Roberge）教授，是畅销书《销售加速公式》的作者，也在哈佛商学院教授现代销售课程。他指出，在模拟销售会议上的学生，80% 错误地采用了"出现即提问"的策略——在客户购买之前就抛出一系列产品特点和问题。

你会这样买吗？我不会！请记住，调研电话是对话，而不是礼貌的质问。这就引出了一个问题：为什么这种调研方式经常存在？

造成这种不良行为的主要原因，是销售人员通过特定方法、用准备好的问题清单开启调研对话。例如，最古老、最流行的方

---

① 一家美国公司，开创了集客营销。其产品和服务旨在为社交媒体营销、内容管理、网络分析和搜索引擎优化提供工具。——译者注

式之一是**"班特法"**（BANT，首字母缩写词）。该方法由美国国际商业机器公司（IBM）在 20 世纪 60 年代推出，以帮助他们的销售团队始终如一地确认销售线索，这个首字母缩写词意指：

**预算（BUDGET）**：客户是否有足够的资金支付？

**授权（AUTHORITY）**：谁有权做出购买决定？

**需求（NEEDS）**：我们的产品或服务能满足客户什么需求，解决什么难题？

**时限（TIMING）**：产品什么时候交付？

**"美迪克法"（MEDDIC）** 是 20 世纪 90 年代为帮助 B2B 销售员提出的一种新策略，它代表：

**评估（METRICS）**：你如何衡量你的产品的经济影响？

**财主（ECONOMIC BUYER）**：谁出钱？

**决策过程（DECISION PROCESS）**：采购决策的过程是什么样的？

**决策标准（DECISION CRITERIA）**：客户购买的标准是什么？

**识别困难（IDENTIFY PAIN）**：我们的产品或服务可以满足客户什么需求或解决什么难题？

**粉丝（CHAMPION）**：谁将代表我们销售产品？

这些方法对推动批判性洞察力非常有用。然而，在书面沟通中使用这些策略（这种情况经常发生）可能会导致买卖双方的互动变得被动、尴尬和随意。想象下面这段由班特法促成的调研对话：

　　**销售员**："这次采购有没有预留预算？"

　　**客户**："这取决于它的成本。"

　　**销售员**："哦，好的。谁来签署协议？"

　　**客户**："看情况。我可以签署一批，但更大的支出需要我们的财务总监签字。你们的产品多少钱？"

　　**销售员**："我们有一些定价套餐，但您最好先了解一下目前是否有记账和发票服务。"

　　**客户**："真的吗？好吧，没有。我们目前使用电子表格和电子邮件。"

　　**销售员**："明白了。意思是发送发票的时间会更长，而筹款所需的时间也比您希望的要长？"

　　**客户**："我想是的，我们一直这样，效果似乎不错。"

　　**销售员**："您想什么时候使用新系统？"

　　**客户**："我不确定。如果你的产品对我们有用，我们很快就能做到。"

　　**销售员**："好的，太好了。下一步，我很乐意为您演示我们的系统。您看行吗？"

　　**客户**："可以……但我还要看一下其他产品。我会尽快给你回复。"

　　这次互动之后，销售人员可能再也不会收到这位客户的来信。

像这样基于脚本的聊天过于机械，价值也低，错失了深入了解和探索客户的机会。换句话说，买卖双方互相不了解，因为这种互动一点也不像两个人的正常对话。

相反，如果我们能以一种愉悦、自然、有趣的方式开启对话，买卖之间的关系和互动就会发生变化。如果我们提出的问题恰当，那样客户更有可能敞开心扉分享更多有价值的个人信息。

## 自我表露的科学

戴安娜·塔米尔（Diana Tamir）和杰森·米切尔（Jason Mitchell）在哈佛大学进行的研究指出，30%～40%的日常交流用于告知他人自己的主观体验。其实，9个月大的婴儿就会试图将他人注意力引到自己感兴趣的事上，全世界的成年人也经常试图与他人分享知识和观点。

在一项实验中，研究人员让参与者选择回答三种信息类型的问题：他们的喜好和观点（例如，你有多喜欢滑雪等冬季运动）；对另一个人的喜好和观点的猜测（例如，巴拉克·奥巴马有多喜欢滑雪等冬季运动）；事实（例如，列奥纳多·达·芬奇画了《蒙娜丽莎》，对还是错）。在实验结束时参与者都有报酬，每个问题都有，且不同问题价格不同。研究假设，如果参与者发现分享自己的信息是一种奖励，那么即便回答其他问题可以赚更多钱，他们还是更愿意回答这类问题。事实就是这样！

此外，研究人员在功能性磁共振成像中观察了参与者被要求分享自己的意见或评判他人观点的问题的脑电波模式。他们发现，与评判他人观点相比，分享自己的观点在大脑奖励中心产生的反应要大得多。换句话说，一说起调研学，人们在科学上和情感上都倾向于表达自己的观点和意见，其他人的观点和事实根本没那么吸引人。

借助科学，让我们分析一些具有深远影响、基于观点的问题，你可以在调研对话期间提出这些问题，让客户分享宝贵的见解。

请记住，参与度高的问题通常是次要问题，在主要问题之后，目的在于征求基于事实、有关客户情况的答复。虽然主要问题不会带来像分享自我信息问题一样的好处，但谨慎设计主要问题仍然很重要。最好将主要问题分层，帮助我们揭示有关客户情况的深层细节。例如：

你能告诉我你的问题吗？

你能给我举个例子吗？

你遇到这个问题多久了？

为了解决这个问题，你做了什么尝试？

那个产品有用吗？

有了这些主要问题和相关的信息，我们就可以把注意力转向能产生高水平内在动机的问题。

**为什么你这样想?**

正如我们刚才发现的，人们喜欢回答那些就特定主题而非事实发表意见的问题。但是，即便我们煞费苦心，许多销售员还是不自觉地问基于事实的问题，而不是基于观点的问题。例如，客户告诉你，由于他们尚未废除陈旧过时的流程，现在正面临业务挑战。你了解后，可能会问:

- 您为什么还在使用那个旧的流程?
- 为什么这个过程的效率如此低?
- 继续使用旧流程您会损失多少钱?

这些听起来都是不错的对话式问题，也的确很好。但是，仔细研究后，你会发现这些见解是基于事实的。换句话说，你是在要求客户针对问题做出基于事实的回答，而不是征求他们的意见。你可以在谈话中做个简单调整，插入"您认为"来明确要求客户表达他们对问题的看法，增强问题的意图。例如:

- 您认为为什么还在使用旧流程?
- 为什么您认为这个过程如此低效?
- 您认为继续使用旧流程会损失多少钱?

毫无疑问，这样发问可以促使客户分享他们想表达的意见。但这并不是说没有正确的基于事实的提问方式!

### 你怎么知道的？

自我表露学告诉我们，人们喜欢回答陈述看法的问题，但提出正确的基于事实的问题也同样重要——基于事实的问题尤其能帮助我们发现客户希望解决的问题。

假设你问客户他们的问题或需求，以此展开调研对话，他们会告诉你——例如：

**销售员：**"感谢您与我们联系。我们公司为员工提供了一个现代化的在线反馈平台。我们能帮您什么吗？"

**客户：**"是的，我公司正在寻找一种新的绩效评估方案。多年来，我们一直在实行每年一次的传统绩效评估方案，现在该做出改变了。"

**销售员：**"我明白了。你们为什么要改变？"

**客户：**"是这样的，近年来我们雇用的千禧一代员工越来越多，据我观察，他们好像真的很讨厌年度考核。"

这时候，如果听到一个类似这样的肯定性答复："太好了！我们经常听到这种说法。我来给您介绍一下我们的产品如何解决您的问题！"如果你这样做了，将错失重大机会。不进一步了解，得不到客户宝贵的见解，跟他们的对话也就毫无意义。

相反，你最好暂时控制一下自己的热情，用下面的方式回应：

"啊，确实如此，其他客户也这么说。如果您不介意，我想问问您怎么知道千禧一代员工讨厌年度考核的？"

当然，你很清楚问题的答案。毕竟，与类似客户交谈就意味着你对这些问题都很熟悉。但在这种情况下，你先别炫耀你的智慧和经验，就能促使他们参与进来和自我表达。

"他们是怎么知道的"，这是一个微妙又十分有效的问题，可以帮你获取关键证据支持他们的主张——你可以在后期制作产品方案时使用这些证据，或者在客户公司逐步完善该方案。例如，他们可能会这样回答：

"据我所知，对实时反馈的需求似乎是千禧一代员工的共同特征，我们肯定会在工作中注意到这一点。"

"我们注意到千禧一代员工的离职率有所提高，在他们的离职面谈中，反馈或缺乏反馈的话题好像越来越多。"

"最近我们进行了一项员工敬业度调查，我们的团队明确反馈了这一点。"

这里需要注意的是，询问这些意见并不是质疑客户的诚信。也就是说，你不是在指责他们是骗子，没有指责他们分享的付出或需求的故事是编的。相反，你是在让他们以一种为你们双方提供背景的方式详细回答问题。大多数情况下，客户可能对需求有所了解，但不能根本解决问题或者不能证明问题本身。提出这些简单的问题不仅能实现这个目标，还会进一步强化客户避免未来损失的需求和愿望。

### 从 1 到 10

"从 1 到 10"的打分式提问是你在调研时提出的最好的问题，

因为它们是建立在观点基础上的，是完全主观的。办法很简单，
你只需要像下面这样做：

- 请客户用 1 到 10 的分数对他们的疼痛打分。
- 提供边界数的代表性范例。
- 先倾听，然后问为什么打这样的分数。

销售员可以这样问：

"您说您正在寻找一些私教课程，保持身体健康。如果我问，
从 1 到 10 打分，10 分是'我每天都去健身房'，1 分是'我离不
开沙发'，你目前状态是几分？"

"您说您的团队讨厌绩效评估，想要寻求更多持续的反馈。
如果我问，从 1 到 10 打分，10 分是'我们的经理非常擅长向团
队成员提供日常反馈'，1 分是'如果这些年度考核能令人满意，
我们就很幸运了'，你对现状打几分？"

"您说您正在找大一点的房子，因为有三个孩子和一条狗，
家里实在太挤了。如果我问，从 1 到 10 打分，10 分是'再让我
坚持一天，我就疯了'，1 分是'有时看起来很糟糕，但我们能凑
合到孩子们都搬出去'，你打几分？"

一旦客户选定一个分数，你要做的就是深入了解分数背后的
原因。得知答案后，你将有三种应对方式。

第一种，你可以先简单地询问客户为什么打这个分数。例
如，客户说："就我目前的状态而言，我打 6 分。"你可以说："我
懂了。为什么打 6 分？"这时，高价值的对话将继续进行。

第二种，销售员通常喜欢质疑客户，让他们打高分。例如："我明白了。您说您是 6 分，那为什么不是 7 分或 8 分呢？"或者："怎样才能让您打到 8 分？"这种方法确实有效，但也可能带来一些想不到的副作用。具体而言，当面对"为什么不打更高分"的命题时，客户可能会变得具有防御性，尤其是当他们觉得你在"推销"的时候。也就是说，询问某人为什么不打更高分数会使他感到不够格。这就成了一种违反直觉和非理性的方法。

迈克尔·潘塔隆（Michael Pantalon）是耶鲁大学医学院的科学家，也是"动机访谈"方面的权威，著有《即时影响》。他研究发现，理性问题无法激励抗拒的人。也就是说，如果客户拒绝被"推销"，那么采取理性的方法来关注客户现在的处境与想要效果之间的差距可能行不通。相反，他提出了一种违反直觉和非理性的方法。例如，如果客户说他们打了 6 分，不要去问"为什么不再打高点"，而是问"为什么不再打低点"。乍一看很奇怪，问他们为什么不打低一点的数字如 3 分或 4 分，实际上是想让他们谈谈为自己的目标所做的有益改善。通过关注积极方面并在此基础上不断深入，客户才会乐于分享他们的意见，而且会更加愿意接受探讨未来定位及实现它所需的行为改变。

### "回到未来"

我们之前讨论过，能够揭露客户想要解决问题的严重性是促使他们行动的关键所在。如果不清楚问题的重要性及它对个人或企业的影响，客户不会触发对损失的厌恶感，现状偏差将占上风。那么你如何才能揭示客户问题的严重性呢？你可以随时询问客户意见，例如：

"您觉得没有员工的日常反馈会给公司带来多少损失？"

"您认为亚健康状态对您有什么影响？"

"您认为不允许客户使用信用卡在线支付所需成本是多少？"

这些问题有时会让客户感到不安。虽然他们的痛苦是真实存在的（否则，他们不可能和你交谈），但很有可能之前没有人要求他们量化或评论这种痛苦的程度。因此，他们不知道如何回答这些问题。

一种我称之为"回到未来"的简单口语化的方式可以获取相同信息。它有两种版本：

**回顾过去**

你让客户回顾某段时间，并就该问题在该时间段内的影响发表意见。

例如：

"您正寻找绩效评估的替代方案，帮助您的团队更加敬业。回顾过去一年，有多少人因为缺乏绩效反馈而离开了公司？您领导的团队认为这是个多大的问题？"

"您正在找一份出差少的工作。回顾过去一年，您多久出差一次？您认为出差对个人生活的最大影响是什么？"

"您想知道改用线上结账系统是否有意义。回顾过去一年，您每个月花多少时间来查询客户是否结账？您是否认为这是阻碍您业务增长的主要问题之一？"

"您正考虑投资自动化薪资系统。回顾过去一年，有多少员工投诉他们的薪酬过低？当前系统中，支付不足是不是您面临的最大问题，还是有其他更紧迫的问题？"

**展望未来**

你让客户展望未来，说说如果他们的问题解决了，生活会是什么样。

例如：

"您说查询客户是否结账占用了您太多的时间。如果把那90%的时间都拿回来，您认为您的工作效率会提高多少？您会利用这段时间做什么来帮助您更快地发展业务？"

"您提到缺乏绩效反馈导致员工流失，这很遗憾。展望未来，如果员工获得更多持续反馈，您认为可以避免多少员工流失？"

"您说您的出差对家庭生活影响很大。假设我能够帮您找到一份出差少的工作，您觉得在家的额外时间会做什么？"

"您希望这些私教课能帮助您更好地保持健康。如果时间快进到一年后，您已实现您的预期，您希望看到新的生活方式带来了什么样的好处？您觉得投入时间和金钱值得吗？"

这种方法的注意事项：

（1）在展望未来时，请注意一个提问方式的关键因素：它们都以提醒客户当前状态相关的痛苦或损失开始。如果你不把痛苦放在首位，那陈述就会专注于未来的收益，这样就不会让客户有损失厌恶的心理。

（2）你可以把回顾过去和展望未来连接在一起。这将最大限度地对比客户当前和未来的状态。

（3）如果在任何时候，你觉得客户敏感而不愿意回答这些问题，你可以通过"之所以这么问"的原因或标记典型回答的例子来消除他们的恐惧（这两种策略在前面已介绍过）。

最后，无论你使用哪种对话式提问策略，都要注意引导性问题——也就是那些客户感到被迫回答的问题。例如："展望未来，您觉得使用现代自动化计费和结账系统来经营业务会节省时间和金钱吗？"就像前文中提到的"抗拒"一样，当客户觉得落入了陷阱，他们会立即变得抗拒、封闭并退出谈话。

## 组织调研问题的惊人逻辑

正如我们所知，问题可以成为说服科学的强大盟友，更不用说高价值调研了。前文曾提到，许多销售员已经擅长将多个问题串联在一起，建立他们的价值主张。提出正确问题很重要，但你若不注意问题的顺序，可能会错失良机，无法在客户心中制造强烈的情感对比。换句话说，提出正确问题可能会发人深省，但以正确的顺序提问也能引起共鸣！

在《思考，快与慢》一书中，丹尼尔·卡尼曼讲述了一项对德国学生的调查，每位受访者都被问了两个问题：

（1）这些天你有多开心？

（2）你上个月有几次约会？

实验假设，两个答案之间存在相关性。毕竟，约会次数多的学生总体上会比在这方面苦苦挣扎的学生更快乐，这种假设很合理。令人惊讶的是，两个答案之间的相关性几乎为零！事实证明，当被问及他们的幸福度时，人们并没有立即想到约会次数。

另一组学生提问的顺序相反：

（1）你上个月有多少次约会？

（2）这些天你有多开心？

在这种情况下，两个问题的相关度高得惊人！为什么两种方法的结果不同呢？秘密就是卡尼曼所说的"替代启发式"原则。

替代启发式的理念很简单。当你的大脑遇到很难回答的问题时，它会寻找一个基于原始但更容易回答的问题。这被称为启发式问题。例如，如果我问你 $17 \times 24$ 等于多少，你计算总值时会觉得困难。但我非要你试一试，你的大脑可能会认为 $20 \times 20$ 是个"足够近"的捷径。启发式问题的答案"400"较为简单，而原来问题的答案更难但相差不远（准确地说相差2%），为408。

以上两个例子，原理相同。问某人的开心程度很难回答；毕竟，很多因素都能让一个人感到快乐。但当学生被问及约会次数时，约会的开心程度成为他们首要考虑的因素。这种感觉影响了第二个整体快乐感问题的答案。换句话说，由于整体开心程度很难计算，所以受试者的大脑简单地使用了最近约会开心程度的启发式问题来回答第二个问题！

洞察了人们如何处理信息后，可以用同样的方法在销售问题中产生更强烈的对比。例如，分析下面的几对问题：

- 你对自己的整体健康水平满意吗？
- 在过去的一个月里，你多久去一次健身房？

- 你对供应商 X 提供的服务满意吗？
- 今年你多久向供应商寻求一次帮助？

- 你如何看待贵公司员工的敬业度？
- 你的员工对绩效评估流程有何看法？

- 你对产品的整体质量满意吗？
- 上个季度你的团队接到了多少客户投诉电话？

● 你觉得你的销售团队与客户建立联系的能力怎样?

● 你喜欢和销售人员交谈吗?

在不同情况下,每组第一个水平高的问题更发人深省、更具战略性,所以通常都是由销售员提问。这是引出更多细节问题的起点。但这些问题微妙,难以回答,它们不会产生快速的情绪反应,因此可能无法触发客户的痛苦和失落感——而痛苦和失落感在客户采取行动时很重要。

先问一个更具体的问题,这样感觉和情绪更容易浮现在脑海中(就像下面每对问题中的第一个),而第二个问题更有战略意义,其答案也将对你有利。例如:

● 在过去的一个月里,你多久去一次健身房?

● 你对自己的整体健康水平满意吗?


● 今年你多久向供应商寻求一次帮助?

● 你对供应商 X 提供的服务满意吗?


● 你的员工对绩效评估流程有何看法?

● 你如何看待贵公司员工的敬业度?


● 上个季度你的团队接到了多少客户投诉电话?

● 你对产品的整体质量满意吗?

● 你喜欢和销售人员交谈吗?

● 你觉得你的销售团队与客户建立联系的能力怎样?

这种策略的目的不是在客户的脑海中创造或制造需求或痛苦,而在于:强化他们对已遇到问题的认知;帮助他们更快地内化与你一致的价值主张。

正如第五章讨论的两极分化信息,如果这些问题让客户发现与你的价值主张背道而驰(例如,他们对去健身房的频率感到满意,或者没收到多少愤怒客户的投诉电话),他们对产品的兴趣就会减弱。这是好事,因为这可以帮助不合适的客户从销售过程中自动退出。

因此,下次你与客户进行对话,请试着修改你提问的顺序,以情绪驱动的问题为引导。这会对客户心中的情感对比产生巨大影响。

## 别在失败上耗费太多时间!

前文提到,与客户对话的质量和内容会直接影响我们的成功率。现在要着重讨论互动的本质是如何影响成功销售的。确切地说,我之前两度担任销售副总裁时,发现我的团队的成功率与销售调研阶段所花的时间存在高度相关性。其实不同地区的数十名销售代表很清楚：调研阶段推动客户的方式越有效，成功率就越高。

特别是在我上一段的工作经历中，我发现最终输给竞争对手的交易（结局或维持现状，或选择"不作为"），在调研初期所花费的时间比最后成功的交易多三倍！更重要的是，在销售初期花费的时间较少的销售员，成功率高出 48%。

这并不是说，提高成功率的秘诀是匆忙结束调研过程。但这些数据确实让我们开始思考为什么存在这种相关性。在与我的销售代表进一步调研后，我们发现最终失败的交易中，大部分失败交易的调研周期较长，都源于相同的原因：

● 客户难以捉摸，最后"消失不见"，或者没有给我们回电话。

● 客户表示有兴趣，但不断向我们提问题。

● 客户会考虑他们公司内其他利益相关者的意见，而我们无法联系到这些利益相关者。

● 客户不理解我们的价值主张，或对其不感兴趣。

换句话说，与我们共进退的客户最终根本没有表现出积极的兴趣、响应能力和购买信号。

这些结果是不是由于销售代表执行力不够或缺乏坚持造成的呢？绝对是。然而，所有情况中，销售代表几乎都承认他们在失败交易上坚持的时间要比寻找失败信号的时间长。简而言之，如果你的销售行为前后一致，你的方法也是对的，但仍然觉得在销售的调研阶段花了太多时间，这可能就是一个明确的信号，你最好将注意力转移到别处。

有一位客户为 IT 托管服务商提供网络基础设施软件，在与他交谈后得知，他的一位销售员决定果断精简销售程序。他砍掉"开心耳朵"，看了看业务手册，找出调研上花费太长时间的客户，并将客户名单从 300 个减少到 75 个。他将注意力集中在真正重要的客户上，还在之后的一个月向我汇报工作，其业绩着实让我惊讶。他说："我的结果立竿见影！我将注意力集中在一开始就有购买意向的客户身上，结果上个月我超三倍完成任务！"这种趋势也延续到了之后的几个月。

## 反直觉的聚焦方法

令人欣慰的是，你可以用简单的方法学习在销售周期中如何有效剔除不适合的客户。虽然许多领导者喜欢用花费的时间来衡量交易的成功，但有些领导者也会采用违反直觉但极具洞察力的方法来分析"损失效率"。

我有一位朋友，是电子商务平台巨头 Shopify[①] 的高级销售主管。她说，他们关注销售执行力和持续改进，他们评估了一个名为"失去时间"（Time to Lose）或简称为 TTL 的统计数据。

---

① 一站式 SaaS 模式的电商服务平台，为电商卖家提供搭建网店的技术和模板，管理全渠道的营销、售卖、支付、物流等服务。——译者注

通过整合统计标准来衡量客户购买或退出销售之前，销售周期应该持续多长时间，这样主管们更容易客观地看待销售团队的效率。

# 第七章

7

异议处理

"我们有麻烦了！"

我的一位销售代表悄悄走到我办公桌前，用一种既急切又挫败的语气说道。那时正值首个财政季的末期，他负责我们地区迄今为止最大的一笔订单。他已经与客户接洽好几个月了，虽然交易预计下个月才能完成，但本着积极主动的销售精神，我们希望继续跟进，最大限度地提高我们近期财政季末收入（一直如此）。客户的业务问题清晰明确、可量化，他们承认我们的方案非常合适，这个代表与他们的主要高管也已建立了联系，我们有理由满怀希望。

我问："怎么了？"

"是这样的，"代表继续说道，"我给客户打了电话，告知他们下个月签订最终协议的相关事项，然后问是否可以在本月完成交易。他们表示不太喜欢这样做。他们说，到目前为止很喜欢和我合作，但他们并不关心什么财政季末的压力，他们觉得我将交易纳入我的时间表，是在给他们施加压力。"

"嗯，是不太好。"我回答。

"但是情况变得更糟了，"这位代表说，"客户有点愤怒、沮丧，问我们的年终是什么时候。我告诉他是 1 月 31 日时，他反驳道：'好吧，也许我们应该推迟到那时完成。我会在 1 月底给你打电话，看看我们能否达成更好的交易！'然后他挂断了电话。"

你站在销售代表的角度，问问自己会怎么做。你将如何修复感情让客户重新参与进来，使交易重回正轨？

我与我的培训团队分享了这个场景，也提了这些问题。我听到 80% 的建议包含两部分：首先，向客户重申产品的价值，提醒他们签约的原因；其次，为在季度末完成交易，给客户提供某种"双赢"的财务激励，其实就是权宜之计的折扣。

建议听起来合理，但请花点时间换位思考，在这种情况下，他们真正想要的是什么。他们会不会将你的失误当作折扣谈判以拿到更便宜的价格？或者，他们的反应是否表明他们想要别的东西？有什么东西可以更好地弥补已经破裂的感情？

为了帮助我们理解客户的观点，我们再举个例子，也许某个时候你会发现身处此境。

假设你决定去一家高档餐厅庆祝。虽然你从未去过那里，但听说很棒，所以提前两个月就预订了。这一天终于到了，你和你的伴侣盛装出门，但你到餐厅时发现一位低效率的领班花了 15 分钟才找到你预订的位置。终于落座后，服务员也很粗鲁，不仅上菜很慢，而且食物是凉的。你生气、心烦意乱还想投诉，你要求与经理见面。他们来到你的桌旁，你将这里发生的不快简要告诉经理。他们安慰你，目光环顾四周，之后为你准备了一份免费的甜点作为补偿。

那时你会有什么感觉？经理的提议能解决你的问题吗？

我觉得不能。

为什么？虽然免费甜点和软件折扣似乎是对糟糕体验的适当补偿（在某些情况下可能是合适的），但客户想要的东西更多。就像我们讨论的信息推送和调研方法一样，客户渴望建立联系，希望倾诉、被认可和理解。他们买的是体验和感受，当销售方不能满足这些情感需求时，客户将去其他地方购买。那么在上述两种情况下，客户最想要的是什么？

**一个隆重的道歉！**（稍后会分享第一个故事的结局。）

在接下来的部分，我们将详细探讨有关客户异议的话题。首先我们来看看如何发现异议，确定其原因，然后将讨论如何澄清和回应客户，以化解交易阻碍。

## 情商盲点

作为客户，我们都曾有过这样的经历，无趣的销售人员就是不"了解我们"。他们不清楚我们来自哪里，当面对我们的问题和异议时，他们没有提供足够的安慰和支持。那么，为什么如此多的销售员没有对客户的异议做出适当而完整的回应呢？原因之一就是情绪智力（EI）或情商（EQ）指数不高。

情商是个体识别自己和他人情绪的能力，正确识别情绪，用情绪信息来思考和行动，并根据情况做出适当的反应。换句话说，情商是一种有意识阅读特定感受并对其做出反应的能力，而不是做情绪的奴隶。

在处理异议方面，情商高的人更容易识别客户异议背后的情感因素，并采取必要措施来满足客户，但不是所有人都有这样的品质。特拉维斯·布拉德伯利（Travis Bradberry）和吉恩·格里夫斯（Jean Greaves）在著作《情商 2.0》（*Emotional Intelligence 2.0*）中对情商展开研究，得出了一个令人不悦的结论。他们测试了 50 多万人日常生活的情绪反应后，发现只有 36% 的人能够准确识别自己的情绪。在处理客户异议时，就意味着两件事：

（1）在理解客户异议的本质时，近三分之二的人存有巨大盲点。

（2）客户的话只是异议的冰山一角！客户不能总是准确表达他们的感受，如果我们想要真正满足他们的需求，就需要适应他们的需求，并深入挖掘。

# 识别意图

说起客户的异议，必须真正了解客户最初提出异议的动机。这个例子可以说明其重要性。

销售员在任何行业或地方听到的最常见的异议都是围绕价格："它太贵了"，或其他类似说法。当销售员听到这种异议时，头脑会非常忙碌，会想出各种防御策略、改变付款条件及咨询客户预算。毕竟，如果客户对价格不满意，你将无法完成交易，不是吗？

为了理解在处理异议时，情绪差距是多么具有挑战性，试试这个有趣的方法。写下"太贵了"这句话，列举尽可能多的异议并填空（例如，这对我们的预算来说太贵了）。

下面是这几年我客户的说法：

"……太贵了。"

- "与有竞争力的产品相比。"
- "与其他地方相同或类似产品的价格相比。"
- "与制造的成本相比。"
- "考虑到我们现在的工作还算过得去。"
- "鉴于我们从中获得的利益。"
- "鉴于我们希望解决问题的规模。"
- "所以我认为在找更多产品之前，我们应多研究核心问题。"

- "与我们在（其他项目）上的费用相比。"
- "此外，我听其他客户说你的产品没有效果。"
- "与我朋友（就职于我想买的产品的公司）给我们的报价相比。"

现在，看看你的异议清单，首要任务是要找出客户提出异议的原因。换言之，异议的意图是什么？

例如，客户是否仍然不相信你的产品价值，希望了解更多信息？他们是否想延迟购买？他们想和你商议吗？客户只是不喜欢你，不想继续交谈吗？也许客户更喜欢有竞争力的产品或服务，无论你报什么价格，都不会购买。作为销售员，不管异议是什么，在你试图解决之前，你要明确它的意图，这一点很重要。

在此之前了解这个重要概念可以帮助你掌握潜在意图的不同形式。

## 意图范畴

从一般的逻辑性和互补性到高度情绪化和敌对性，大多数异议分为五种意图类型。熟悉这些类型可以帮助现代销售员更快地对意图进行分类，做出合适的反应。

为了帮助我们理解一种异议在这些类型中的表现，请看这个例子。朋友邀请你去餐厅吃饭，但你不确定是否想去。接下来，我们将概述每种类型的反对意图并提供与此场景相关的示例。

### 理解

这类异议的意图通常可帮助客户更好地理解你的产品或服务。你很可能将这些视为问题而不是异议。比如，有购买意图的客户会针对产品提出问题；再比如，客户在提出问题的时候，会期待获得他人的支持。然而异议的实质内容仍需尊重，互动也要合乎逻辑，大多数时候，你要和客户携手合作，共同达成交易。客户的意图不是质疑你的产品或方法。相反，他们想确保产品已经涵盖了各个方面，以便心安理得地对产品投资。

餐厅示例：

● "我听说这个地方很快就订满了。你觉得我们会订到吗？"

其他例子：

● "使用你的产品通常需要多长时间？"

"像我们／我这样的客户怎样正确使用产品？或者他们为什么
失败了？"

● "给我讲讲你的产品如何解决我们遇到的业务问题？"

## 决定

这类意图可以帮助客户决定是否继续使用你的产品。这可能
涉及验证操作、方法或战略限制，或对其他产品或服务进行的比
较评估。在这方面，销售员一般选择默认或"不作为"。你的每
一次回应要么让客户离产品更近，要么更远。虽然这一类意图可
能更加情绪化，但它们仍然属于逻辑范畴。

餐厅示例：

● "餐厅有素食吗？"

其他例子：

● "你们可以按月计费吗？"

● "你的产品在其他语言中可用吗？"

● "你的产品的标准投资回报率是多少？"

## 延迟

这类意图在商业上相当于"延迟"按钮，可以说是销售方最
常听到的、来自客户方的异议。它们只是为了避免做出决定或造
成混乱而延迟购买的理由（或借口）。就个人来说，这些话听起
来可能像是"假期结束我就开始节食"，或者"我知道我应该和

他分手，但我想再给他一次机会"。

餐厅示例：

● "我很累。我们为什么不下周去？"

其他例子：

● "下个月给我回电话。"

● "在做决定之前，我需要更多报价单（或探索更多产品）。"

● "我认为我们应该在选择供应商之前调查问题的根本原因。"

## 确信

这类意图是我最喜欢的，因为它们最具挑战性，且有待确认。在业务互动和个人互动中，它们也极其常见。这类异议意图旨在消除客户对某种状态或情况的不安。它们无关金钱，也无关具体的结果，但由于极其情绪化，可能对你的交易构成巨大威胁。如果你曾经在交易的最后因为一件小事（看似几乎微不足道）使交易停滞不前，双方都不让步，那么你就遇到过这类异议！

餐厅示例：

● "我们总是去你选择的地方！"

其他例子：

● "我 B 公司的朋友告诉我，他们支付的费用比你的报价少

30%！"

● "我对这辆车的价格没意见，但 300 美元管理费是干什么的？"

● "我们觉得你们的产品很棒，但我们的领导团队很担心与你们这样的公司合作。"（例如，你可能是一家小型创业公司，而你的竞争对手是有稳定销售纪录的成熟供应商。）

### 阻挠

有人根本不想推行你的产品或方案，还想破坏你成功销售的机会，这类异议就会浮出水面。他们的目的是破坏业绩、损害声誉，或者两者兼有。可惜，阻挠的异议往往情绪化，因此不受合乎逻辑的办法的影响。阻挠的异议有一个明显迹象，就是用内心的言语引起的负面情绪，诸如"仇恨""解雇""数据泄露""令人发指""失败""诉讼""感染""生病"，以及"从不/永远"之类的词语。但是，阻挠的异议有时可能只来自决策过程中的某一个人，反而提供了规避异议的好机会。

餐厅示例：

● "不好了！那不是上个月因为鼠患被卫生部门关停的地方吗？"

其他例子：

● "我听说你的上一个项目严重超出预算，最终导致客户破产。"

- "你们的产品在这里没有用，因为……"
- "我们之前试图推出类似的产品，但失败了。"

虽然，在销售中找出此类案例可以让你了解异议的潜在意图，但有时它不够明显。当需要额外信息时请考虑两方面：

（1）语气。说话的方式可以是潜在意图的重要提示。例如，"你的产品在这里没有用。"这样的话可能出自一位喜欢你们的产品或服务，但担心他们单位没有远见而无法购买的客户。"这里"一词的音调加强，可能会给异议赋予逻辑内涵。或者，它可能来自一位想要挂断你电话的客户，强调"从不"一词（与严肃的肢体语言结合时）就属于阻挠类异议。

（2）跟进。如果文字和语气不够用，不用担心，你不必成为一位读心者，你也不会有这种能力。面对模棱两可的情况，简单恰当的澄清可能是你的最佳选择。我们将在下一节中探讨这些内容。

## 解决愚蠢行为的方法

假设聚会上你遇到了某个人，你们交谈愉快，或许还喝了一杯，最后要到了他的电话号码。接下来的一周，你打电话，邀请他在周六晚上见面。他说："周六晚上？那时候我很忙。"你的思绪开始飞快转动。他是真忙吗？他这么说是因为不想和你出去吗？如果是这样，是"永不"和你一起出去，还是只是"现在不"？如果真是这样，你会怎么办？

面对异议，你接着说："没问题。下周六晚上怎么样？"就是一个测试，看看对方如何回应。这种澄清方法不仅有帮助，而且是优秀销售人员经常用的！

Gong.io 公司的团队分析了 67000 个客户异议的销售电话。然后，将这些结果与各个销售代表的表现关联起来。他们发现，业绩优异的销售代表在回应异议时澄清问题的时间为 54%，而表现一般的销售代表只有 31% 的时间回应异议。

那么应该如何澄清呢？这里有两个策略。

## 策略 1：服软并询问

这种方法借助于一种名为服软言辞的工具技巧。《销售科学》一书的作者大卫·霍菲尔德，将服软言辞描述为对异议或分歧做出的非对抗性回应方式。霍菲尔德解释说，当客户提出异议时，负责引发强烈情绪反应的大脑杏仁核部分会保持高度警惕，为防御性对抗做好准备。服软言辞可以起到镇定的作用。它让客户知道他们的担忧是有效的，让他们更愿意倾听你的意见。然而，这并不是意味着他们的异议是正确的。例如：

**客户**："我真的很喜欢你们的产品，但它太贵了。"

**销售员**："我完全理解。没有人愿意在这样的事上花更多的钱。"

**客户**："这不是我亟待解决的事项。"

**销售员**："我完全理解。您有很多事要处理，需要优先关注最重要的事。"

然后，一旦异议缓和，你就可以开始追问，以此阐明意图并鼓励客户提供更多背景信息。

例如：

**销售员**："我完全理解。没有人愿意花更多的钱。"

"您不介意的话，我想问，为什么您觉得它太贵了？"

"您是担心自己的预算不够用，还是觉得这个产品不适合您？"

**销售员**："我完全明白。您有很多事情要做，应该关注最重要的事。"

"如果您不介意的话，我想问，您目前还专注于什么事呢？"

**快速提问**："一般情况下，问题在优先级上时，根源有时是因为时间预算，有时是因为人员或技术资源，或者完全是其他因素。您觉得问题出在哪里？"

"我们上个月谈的时候，这似乎是您的首要任务之一，现在有什么变化吗？"

记住，如果你觉得客户可能不愿敞开心扉，鼓励他们的一个好方法是用第六章讲到的"推理"策略。例如："您不介意的话，我想问，您目前有关注其他产品吗？因为大多数客户的优先列表中没有这种类型的产品，但对于那些感兴趣的人来说，我们已经成功将此产品融入他们已在进行的战略计划中。"

## 策略 2：镜像法

"服软并询问"的方法是非常有效的，可以让客户感到舒适，有针对性。然而，FBI 前国际人质危机谈判专家克里斯·沃斯提出了一种称为"镜像"的常见交流和说服策略，这个策略更简单但同样有效。

镜像法是行为科学中的一种现象，描述一个人模仿另一个人的行为、手势、姿势、态度或言语模式。某些情况下，还会在潜意识中发生。例如，我在纽约市与客户召开销售会议，我为了模仿客户，语速会自然加快。但是我在得克萨斯州或佐治亚州出席会议，出于同样的原因，我的语速会放慢。无论是有意识还是无意识，镜像会影响他人对你的看法。当观察到其他人表现出与我们有相同的行为时，我们会感到与他们有关，很快建立起融洽的关系。事实上，2002 年荷兰研究员里克·范·巴伦（Rick van Baaren）在研究中发现，一家餐厅里的服务员只需准确重复顾客的话，他们的小费就会增加 70%。虽然这种刻意的镜像表面上很幼稚，但用与客户相同的表达更容易达成一致，提升亲和力。

弄清楚异议后，镜像法就非常简单。客户提出异议，你要做的就是重复客户说的最后几句话，声音向上扬，好像你在问问题一样。你甚至可以用"对不起……",例如：

客户："现在这不是我的优先选择。"

销售员："对不起……这不是你的优先选择吗？"

客户："我真的很喜欢你们的产品，但它太贵了。"

销售员："太贵了？"

在你买东西时，也可以这样操作。

销售员："我跟经理核实过，八五折是我们能给的最低折扣了。"

客户："对不起……您能给到最低折扣吗？"

就是这样！一旦使用镜像法，对方肯定会提供关于他们刚才立场的更多细节，帮助你对异议做三角分析。

注意：此策略旨在提高效率和简洁，让客户表达。但由于未使用缓和言辞，你可能会错过向客户表达同理心的机会。如果你觉得需要一种更温和的方法，缓和策略可能更合适。

## 异议处理简单模板

要实践我们讨论过的原理，是时候引入一个框架来应对出现的异议了。具体模型如下图所示。

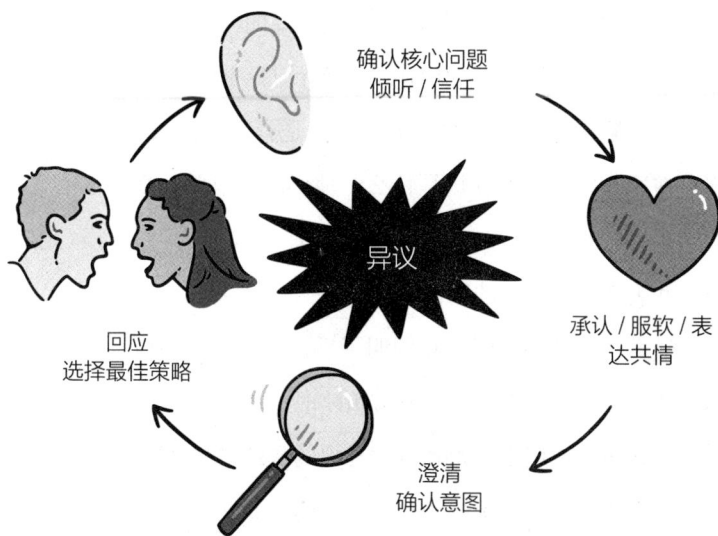

第一步就是简单地练习第四章中讲的共情倾听技巧，目的是正确识别问题所在。是发行价？付款条件？时间？交付能力？情绪准备？还是竞争威胁？根据销售学，对错误的异议仓促下结论并快速回应实际上加深了客户脑海中异议的印象！还可能对销售员的信任度以及能提供帮助的能力提出新的异议。

例如，在电影《乌龙兄弟》中，演员克里斯·法雷饰演一位成功的汽车配件公司老板的儿子。老板去世后，公司濒临破产，法雷饰演的汤米被迫接管生意。为拯救公司和小镇，汤米开始周游全国，开启推销之旅。在旅途中，汤米向潜在高价值客户泰德推销。泰德表示非常喜欢汤米的产品和价格，却不愿意购买，因为该产品的包装盒上没有保修说明。汤米和伙伴们不仅没有解决"保修说明"问题，未满足客户的情感需求，而且还继续反复宣传产品的技术优点。泰德沮丧地将产品盒交还给汤米，临走时还说："伙计们，没时间了！"

一旦确定了核心问题，下一步就是弄清楚异议背后的意图。客户在这个问题上的立场是什么？他们的观点是什么？他们想要的结果是什么？在提一些简单问题之前，你应使用缓和语句承认异议并表现出对客户的同情。

最后，问题确定了，意图明了后，就该做出回应，努力解决他们关心的问题。选择最佳回应策略时，要考虑两个因素。

● 技巧：你用来探索和克服异议的具体措辞和问题。
● 方法：由技巧构成的整体回应的基调和策略。

下面我们将介绍这两个因素。

# 十项异议回应技巧

现代销售员在回应异议时用了许多技巧。有些人是无意识使用，有些人是刻意使用。本节的目的是整理一些最常见的用法，让你熟悉并将其纳入异议处理手册。

关于如何在激烈的销售战中使用这些策略，需要牢记三个重要原则：

（1）没有一蹴而就的技巧。若有一个终极技巧在异议萌生时就可以阻止，岂不快哉？"你说太贵了？好吧，拿着吧！！！"然后放下电话。对不起，如果有这种情况的话，那也很少。

（2）有些技巧可以组合使用。处理异议就像对打，赢得比赛通常需要我们对他人的行为做出反应，发出一连串的踢打、拳击和阻挡。虽然这些策略可以单独使用，但将它们组合在一起才能产生最好的效果。

（3）小心——策略的难易程度各不相同。虽然所有技巧都有效，但并非所有策略实施起来都同样容易。有些非常简单，有些则需要仔细思考，要有坚定的信念，要巧妙地运用。与任何其他能力一样，技巧也需要认真学习和练习才能让你更自然地使用。

以下是我们将要讨论的技巧：

1. 同理心      基本
容易执行

2. 历史的视角

3. 确信的理由

4. 把未来变成过去

5. 考虑替代方案

6. 降级

7. 变弱为强

8. 验证是否适合      高级
需要更多技巧和
信念来执行

9. 打预防针

10. 放马过来!

值得一提的是,在使用这些策略前,做一些调查很重要。回应之前,要充分了解手头的主要问题和客户提出异议的最终意图。现在让我们开始吧!

### 1. 同理心

这是迄今为止处理异议的最简单、最通用的技巧。多种技巧组合时,它肩负着缓和语句、异议处理和开场白的三重职责。有经验的销售员可能对这很熟悉,就是包含了"感觉""感受"和"发现"的三个简单句的组合。

(1)感觉:你要让客户知道你理解他们的感受——用共情的方式来缓和异议。

(2)感受:你要分享这样的观点,类似的客户在这种情况下也有同样的感受。

(3)发现:你要提供最终可以克服异议的证据。

例如:

**买方**:"我真的很喜欢那件西装,但比我想象中的贵。"

**卖方**:"我完全理解你的感受。这套西装不错,但没必要花这么多钱,许多客户也会有同样的感觉。最后,他们发现多花几美元购买一件可以穿很多年且不过时的衣服是非常值得的。"

**额外提示**:和第六章介绍的调研心态技巧联合使用,效果会更佳。比如，加上"但我知道这种投资并不适合所有人，所以如果对你没有意义，你可以拒绝"。给客户说"不"的机会有助于消除他们的抵触情绪——他们觉得你在逼他们时，就想反抗。

## 2. 历史的视角

这一技巧非常适合传统思维方式的客户。也许他们习惯以某种方式行事，或者曾经买过某种类型的产品或工艺。问题是，如果你当面质疑他们的立场，就会损害他们的自尊心，让他们为长期坚持的信仰感到难受。这就跟"说他们的孩子长得丑"一样。这种技巧在于强调用更好的行事方式，同时尊重他们的自我。其有效程式是：

（1）服软；

（2）承认过去；

（3）展望未来。

假设你试图说服 IT 领导者用新产品检测网络中的病毒和数据泄露。

**客户**："我们一直使用的产品非常可靠，运行良好。我认为我们不需要你们的产品。"

**销售员**："我完全理解。您拥有的产品一直是高标准。问题是现在黑客愈加老练，所以许多企业正转向这种技术。"

**温馨提示**：处理这类异议也可以联合第五章中的高对比度消

息传递技巧。例如，你可以继续前面的陈述："事实上,《首席信息官杂志》(*CIO Magazine*) 最新的一项研究发现，过去一年75% 数据泄露的企业有表示，就在事发前 6 个月，他们都认为自己的基础设施足够安全。"

## 3. 确信的理由

第六章讨论了如何通过询问原因让人们分享个人倾向的细节内容。事实证明，在句子中使用"因为"不仅是为了与目的结合，还会神奇地触发听者的大脑，好像在说："哦，这个词之后的内容会是上述事情的理由。"人类不断地为他们随机观察到的事物找理由，这会给我们的世界带来秩序感。当我们找到这种秩序时，就会获得极大的情感满足，所以这个有魔力的词可以成为你处理异议的强大助手。

为了证明这一现象，行为科学家艾伦·兰格 (Ellen Langer) 展开了一项研究，有个人正在复印，另一个陌生人要求"插队"到他前面。陌生人只是询问是否可以使用复印机（例如，"打扰一下，我有 5 页，我可以用一下复印机吗"），60% 的受访者同意了这个要求。然而，用"因为"一词给出原因（例如，"我可以用复印机吗？因为我很忙"），同意率会飙升至 94%。更令人惊讶的是，提供的理由即便很糟糕（例如，"我可以使用复印机吗？因为我要复印"），同意率仍然约为 93%。

我可以告诉你它很管用，因为我在销售一线已经使用多年，还把它教给了成千上万的销售人员！所以下次你要为你们的价格辩解、捍卫公司政策或将你们的产品与竞争对手的产品进行对比时，你所要做的就是给出一个理由（当然，理由越充分越好），并在那个解释性的句子中使用"因为"。例如：

**客户**："我的手机曾享八五折。我想用这个折扣新买一个。"

**销售员**："对不起。我很想给您这个折扣，但是我不能，因为我们再没有这种促销活动了。"

或者：

**客户**："我知道你们提供免费试用，但我真的很忙，快过期了才用了一下。能延长我的免费试用期吗？"

**销售员**："我完全理解您的苦衷。之前能延长免费试用期，但现在不能了，因为我们的客户服务团队因试用期延长而不堪重负，影响了我们服务核心客户的能力。"

"因为"这个词很神奇。试试吧，你会看到效果的！

### 4.把未来变成过去

你是否曾觉得客户的异议，一波接一波？例如，客户觉得你的产品太贵了，你通过折扣、灵活的付款方式或者通过坚持价格但证实价值来解决。随后客户提出了另一个问题（或者可能是多个问题）阻碍事情的进展。事实上，销售人员经常遇到这种情况，导致徒劳无功，浪费了宝贵的时间。而这种技巧可帮助你避免这些问题，非常简单！

　　那就是把时钟拨快，进入未来，假装异议已经处理，然后问"现在怎么办"，例如：

　　**客户**："我喜欢你的产品，但它太贵了。"

　　**销售员**："我理解。如果您不介意，我问个问题，如果产品是免费的，会怎样？当然，我如果真免费那再好不过了，但我只是想知道价格是不是阻止我们前进的唯一因素？"

　　或者：

　　**客户**："我喜欢你们的产品，但现在这不是我的优先选择。"

　　**销售员**："我理解。如果您不介意，我问个问题，您认为怎样才能让我们的产品成为您的优先选择？"

　　或者：

　　**客户**："我想和推荐人谈谈。"

　　**销售员**："完全理解。我敢保证这个方法让您感到安心，该产品非常适合您。但假设我安排另一位导购和您见面，他说了一大堆好话，您也感觉很舒服，那之后怎么办？"

　　这个方法就是将异议先搁置一旁，让客户协调接下来要发生的事情。有趣的是，在许多消费案例中，客户确实不知道接下来会发生什么，要么因为其他人的指手画脚而反对，要么因为他们想（有意或无意）推迟购买。这种技巧是剔除无价值，并评估机会的真正潜力的好办法。

## 5. 考虑替代方案

客户提出异议，就是希望你继续推动并说服他们购买你的产品。其实，服软的首要目的是规避这种紧张感，而考虑替代方案的目的则是站在客户的立场上，让他们考虑其他选项（包括选择什么都不做），来激发强烈的共情。你的目的是让他们自己得出结论，你的产品对他们最有价值。但是请注意，当你确信（并且最好有证据）你的产品确实是最合适时，这种技巧才最有效。例如：

**客户**："你的产品似乎功能很多，价格也很高。我们只需一种简单、便宜且有需要功能的产品即可。"

**销售员**："我完全理解。您不想为不使用的功能付费，这种方法可能最合理。我们上周交流时，您提到你们规划要扩大业务。现在可能不需要这些功能，但如果没有这些功能，6个月后您还认为能实现增长目标吗？如果你们的发展速度比想象中的要快，会怎么样？"

注意！语气和方法在这里很重要（所以它在列表中排第五）。如果客户认为你将他们带入了逻辑陷阱，他们会立即采取防御措施。如果你担心出现这种情况，可以补充说："我之所以这么问，是因为我们的产品对不打算积极发展的客户来说可能没有意义。但是很多客户都很感激我们在他们的成长过程中较早地提供帮助，帮助他们更快地发展。"

1980 年的美国总统大选也是用了这种技巧。那时，共和党候选人罗纳德·里根击败了在任总统民主党人吉米·卡特。在最后的总统辩论中，里根总统为最后的胜利奠定了基石。里根总结说：

"你比四年前更好了吗？你去商店买东西比四年前更容易吗？与四年前相比，我国的失业率是高了还是低了？美国是否像过去一样在全世界被尊重？你觉得我们的安全系数和四年前一样高吗？如果你对所有这些问题都回答'是'，那么你很清楚要投票给谁。如果你不同意，如果你不希望过去四年我们坚持的路线在未来四年被继续坚持，那么我建议你重新选择。"

在登记选民中，里根在辩论前落后卡特 8 个百分点。随后里根在投票中立即领先 3 个点，最后成功拿下了美国 50 个州中的 44 个州。为什么？因为当选民们考虑代替里根的其他备选方案时，发现其他的备选方案似乎不那么令人满意。

### 6. 降级

"我的衣橱里有个怪物！它会在半夜跳出来吃掉我！"

如果你有孩子，你让孩子上床睡觉，你肯定听过这种异议。虽然孩子被怪物吃掉的可能性很低，但有时候很难让他们相信现实。的确，恐惧是一种可以留下阴影的感觉。但是，说起情感异议，恐惧是其中最普遍的原因。

许多客户的异议是出于恐惧，害怕失败、害怕失去、害怕未知，甚至害怕脱离现状。要求与推荐人见面的客户就是这种异议的典型例子。客户要与推荐人见面，就好像在说："我担心选择了你的产品或服务，事情不会太顺利。所以，如果我能和一个告诉我一切都会好起来的人聊一聊，我会感觉好点。"记得我们之前提到的电影《乌龙兄弟》中的店长泰德吗？他的异议也是出于恐惧。他非常害怕每件产品的包装盒上都没有印上保修说明，导致他不愿意与任何不提供保修说明的公司开展业务。

那么，客户的大脑系统 1 被出于恐惧的异议占据，你该怎么做？很简单，激活系统 2！用逻辑和理性的光芒有条不紊地化解他们的恐惧，直到它们消失。一旦系统 2 完全清除系统 1，异议将更容易克服。我称这种方法为降级。

例如，你可以将受惊的孩子带到壁橱，打开灯，拉开衣服，检查床底，然后非常肯定地确认卧室没有怪物。若你的孩子还求你的话，你的方法可以更温和。

首先，以温和的语气、顺从和同情的方式承认异议的根本原因。比如，你说："很高兴和您商量推荐人。我当然希望您对我们的产品以及帮助您获得成功的方法满意。"

接下来，提出一个合理的立场，以帮助满足这个请求。例如："欣慰的是我们有很多满意的客户，我想确保为您找到合适的客户。您能否告诉我，您希望从推荐人那里了解些什么呢？"

这种顺序通常会导致客户的情绪框架（系统 1）重新评估推荐人请求（系统 2）的有效性，让他们意识到他们的请求源于恐惧而不是逻辑这一事实，从而打消这个念头。为什么呢？

（1）**你照做**。你说你很乐意举荐另一个推荐人来商议。你配合且缓和了局势。

（2）**你积极向上**。当你让人们感到快乐时，他们的情绪负担就会减少，并且可以做出更快、更清醒的决定。

（3）**你专注提问**。你拿起手电筒，照射让孩子们恐惧的黑暗角落，让令人担忧的怪物曝光（如果确实存在的话）。

客户对此类对话的反应通常有以下两种：

（1）**他们需要考虑一下**。比如："嗯……这是个好问题。我可以转一圈，等一下回来再说吗？"他们很少会回来。再强调一次，不是因为他们懒惰，而是因为请求源于恐惧，而不是特定的需求或潜在的目标。恐惧消散，询问的动机也会消散。

（2）**他们带着一些东西回来了**。比如："嘿，谢谢，很感激你愿意提供帮助。我想多了解点基本信息。"好消息！现在你有一个可用多种方式解决的真正的问题或异议，其中许多方式比推荐人更有效、更有益于客户。

在《乌龙兄弟》中，法雷饰演的汤米开始降级他的需求，要求泰德想一下为什么制造商会在包装盒上印上保修说明。泰德非常感兴趣，要他详细说明。汤米承认保修说明会让客户感觉良好，但他解释道，无论产品本身的质量如何，保修说明通常只是提供了一种虚假的安全感。用他的话来说，"他们卖给你的保修说明一文不值！"沉思片刻后，关于担保的恐惧消散了，泰德决定购买。

## 7. 变弱为强

与其他技巧相比，这种技巧更具挑衅性，需要更坚定的信念。你质疑客户，将他们的异议转化为他们应该继续的理由。在正确的语境中，它的作用非常强大。例如：

**客户**："我认为在旺季前换一家新供应商没有意义。客户正是依赖我们的时候这样做，会带来太多风险。"

**销售员**："我完全理解您的感受。您不想在一年的旺季冒险让物流保障出问题。我的其他客户也有这样的感受。他们发现，旺季前更换供应商实际上可以让他们提供更好的客户体验，收入比预期更多。"

我曾在四家高速发展的科技创业公司担任销售主管。在那里，对客户当前的运营状态提出质疑是很常见的。我也经常使用这种技巧，例如：

**客户**："我们喜欢你的产品，但与高速发展的创业公司合作让我们有点不舒服，感觉有点冒险。"

**销售员**："我知道你的意思。许多客户也告诉我们，他们喜欢与我们合作就是因为我们是一家创业公司！因为我们比大公司更快、更灵活、更热情。他们也喜欢直接与我们的管理团队接触，为我们的产品规划提意见。"

我的第三家创业公司被更成熟的赛富时公司收购后，我仍在使用这种技巧提出反驳意见。我的意思是：

客户："我们知道贵公司是市场先驱，在这个领域占有一席之地，但我们也正在其他几家创业公司寻找替代产品。我们非常喜欢他们产品的敏捷性，我们也可以对他们的产品规划产生重大影响。"

销售员："我完全理解。毕竟，我们曾经也是一个生气勃勃的创业公司！许多客户告诉我们，他们喜欢与像我们这样的大型公司合作，因为我们更注重数据安全、隐私和正常运行时间。他们还喜欢在我们的平台运行其他业务，一切都是无缝衔接。"

这种技巧很管用，因为这迫使你站在客户的角度展现产品或增强服务的竞争优势，同时表现出坚定的信念。

注意：此技巧也可反过来使用。你可以将客户的陈述作为一种实力的展示，让他们明确感觉到这种实力可能是一个弱点。

## 8. 验证是否适合

如果你认为客户提的异议太多，或不是理想客户提的异议，那这种技巧就会起作用。遇到这样的异议，这种技巧能坚定立场，找到信念，然后把决定权交给客户。这种技巧就是第六章中"这不适合所有人"策略的应用。要使用这个技巧，你就要富有同情心地说明你的产品并不适合所有人。

我的一个好朋友经营着一家精品猎头公司，主要为知名客户寻找一流的高管，费用可观。这是他最喜欢的一种技巧，最近他给我讲了个故事，吹捧取得的巨大成功。有一段时间，一位潜在客户在为团队物色一名重要的执行主管而犯难。他与该客户参加销售会议，这位客户对他的方法和经验印象深刻，但是说到费用时，客户大吃一惊。

"哇！这比我想象中的要贵很多！"她惊呼道。我的朋友很冷静，因为他明白他不仅能解决客户的问题，而且收费合理，其他同类客户都觉得他的服务值这个价格。他回答："我明白了。有时人们会对我提供的服务成本感到惊讶。但是客户通常会让我来处理最难最特殊的调查资料，这是他们一直未曾解决的难题。虽然我擅长这行，但我清楚我的服务并不适合所有人。因此，如果这对您没有意义，请不要难过。那完全没问题。"然后他暂停片刻，好让沉思的客户理解他的话。片刻后，客户抬起头，点了点头，回答道："好，就这么办吧！"

提醒一句：虽然这种技巧赋予销售强大的能量，但就像这个范畴下的所有技巧一样，它必须真心实意让客户得到想要的好处。这种技巧用了逆向心理学的一部分知识，但是使用这种技巧就需要你不会对最终决定不购买你们产品或服务的客户心怀恨意。许多情况下，如果他们不和你一起去，这是件好事，因为无论如何他们可能都不是一个合适的客户。

### 9. 打预防针

你是否发现销售周期中 80% 或更多情况都会出现特定的异

议？例如，你的产品最优质也最昂贵，你是否经常对价格进行辩护？客户是否一直拖延购买产品或服务？或者，你提供了市场上最新、最先进的产品，但没有人听说过。你一直会遇到缺乏追踪记录和不稳定的异议。如果是这样，这个策略可能适合你！

预防接种理论是由社会心理学家威廉·麦奎尔于 1961 年首次提出的，解释了在面对改变时，如何保持现有的态度和信念。该理论的运作方式与疫苗使我们免受某些疾病侵害的方式完全相同。我们通过接触少剂量的病毒，刺激免疫系统来识别和攻击将来出现的真正疾病。同理，如果想要避免有不良影响的异议，就要建立客户对可能出现或来自其他地方的异议的免疫力，以便我们能主动发现并解决它。

**销售员：**"当我了解了关于你的更多需求并起草了定价方案后，我想说，我们绝对不是这行成本最低的供应商，甚至可能是最贵或第二贵的。虽然我们的价格高于其他商家，但我们的使命就是提供超出客户预期、高科技个性化的综合产品。这就是我们的回头客高达 96% 的原因。"

辩护律师在对陪审团的开场白中经常使用这种策略。如果第一位律师主动提出论据，并在对方律师可能提出的论点中找出漏洞，陪审团就不太可能被他们影响。

我曾用这种方法为我的销售团队招募顶尖人才，而且非常有效。销售是一项艰难、快节奏的工作，销售员在新岗位中不能立马取得成功就会变得气馁，这是现实。当我们注意到一些新销售员在任职前几个月给自己施加压力而造成影响时（包括一些不合时宜的辞职），我们开始在面试中给应聘者打预防针。我会说："这个岗位的前两三个月会很难做！你甚至想要放弃。但相信我，你在这里看到的所有优秀的销售员都经历过这样的痛苦。这是完全正常的，如果你坚持下去并不断学习，你的状态就会很好！"这种办法奏效了！开诚布公在招纳新人方面发挥了很大作用，当遇到困难时，他们知道希望就在前方，于是坚持下来。我们成功地给他们预防接种了。

### 10. 放马过来!

这种违反直觉但强大的策略不是为了克服异议，而是为了引出异议。这个策略基于这样的原则：客户的异议不是都能表达出来的。想想在你的销售介绍中，坐在后排的沉默观察者。整个过程中他们什么也没说，但你知道他们有想法、有意见，他们可能在你离开后与同事分享。或者，你可能正与喜欢产品的客户交谈，但要说服客户公司内的其他利益相关者支持你的产品或服务。这种情况下，你可能要提出以下问题：

- 你对 × 有何顾虑吗？
- 在我们介绍的方法中，你觉得我们缺少了什么？
- 你是否对我们的产品有信心？
- 你似乎有点担心 ×，有什么想法？
- 大多数时候，与你情况相同的客户都想了解 ×，是出于兴趣吗？

这种方法之所以有效，有两个原因。首先，它有助于揭示隐蔽的异议，否则会降低你的转换率。当你有机会解决异议而不是让其徘徊时，最好当面提出。其次，如果是肯定回答，就意味着客户支持你的产品，那么他们公开提的建议就对你十分有利。正如在第五章中讲的，人们非常愿意减少他们的认知失调。也就是说当他们将意见坦诚提出时，他们觉得有必要让自己的态度、信仰和行为与自己的话语保持一致。

# 意图——回应的关联

在将所有策略整合之前，要重新讨论一下意图。在回应异议时，须将意图放在首位，因为这可以帮助你找到最适合该任务的策略——就像为你的餐点配上合适的葡萄酒。

假设你打电话给客户，他们说："现在不方便，下个月再打给我。"如果这是第一次致电该客户，你可能会认为他们是在拖延你。但是，如果这是你第五次打电话给他们，而他们一直不理会，那么他们可能想永远逃避、摆脱你。这里是意图与应对方法的组合表。

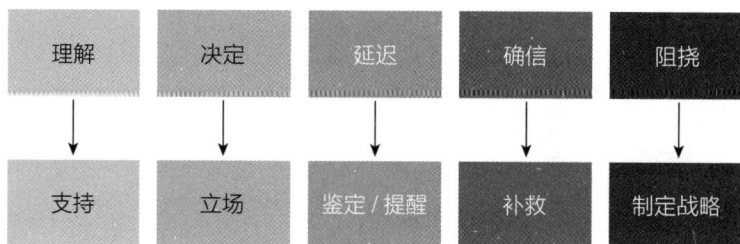

接下来，我们会详细介绍这些组合策略。在不同情况下，你的目标就是选择最佳语气和内容进行回应，以解决客户反对的意图。

## 理解→支持

帮助某人努力理解的最好方法就是支持他们。这里没有智力游戏或感情用事，只要回答他们的问题。但是，由于购买流程涉及多个利益相关者，因此帮助客户理解、预测及考虑其他利益相关者可能提的问题和异议，也很重要。例如，销售人员正试图向中年男子出售跑车，也需想办法吸引男子的伴侣。

关键是要确保客户感觉得到了支持，获得了他们需要的信息，从而使销售过程顺畅。在 B2B 销售的情况中，不要假设客户熟悉内部购买流程或者假设之前已经买过。如果客户不确定，可以提供其他客户如何做的案例。

## 决定→立场

解决此类异议的关键是了解你的回应会导致客户支持产品还是放弃产品。这就是为什么不仅要回答问题而且要考虑如何以最有利和最吸引人的方式定位你的产品。当竞争性产品混在一起时，或当客户有强烈意愿继续维持现状时，这一点尤其重要。

假设客户喜欢你的产品，问你是否有他们喜欢的款式，虽然你目前还没办法提供，但你可以强调在没有特定要求的前提下产品交付的预期效果，然后再深入了解客户的特殊要求。如果客户询问产品的一般投资回报率，你可以强调一些最佳客户所看到的价值，并将其作为深入调研的机会。

不过要小心！不要进入全面进攻或防守模式。你的反应越激进，客户可能感觉越不舒服。一旦他们感到不舒服，不管你的理由多么站得住脚，都无济于事。第六章讲到的"这并不适合所有人"的调研策略，可以帮助你得到客户的认可。

## 延迟→鉴定 / 提醒

鉴于延迟这种异议是为了拖延或避免销售，所以你需要问自己："继续与客户合作是否有意义？"所以你对延迟的回应是重新确定客户的资格以查看他们是否合适。或者如果是潜在客户，则提醒客户延迟的成本。例如，客户说："下个月再打给我。"你可以用"鉴定资格"来回应："我很乐意，但我想尊重您的时间，不想在打电话时打扰您。我先说说下个月我们讨论的内容，然后您再决定要不要我回电话，可以吗？"（使用"把未来变为过去"或"验证是否适合"策略的绝佳机会。）如果客户说："我们还是继续使用原来的产品。"你可以用"提醒"回答："我很好奇……之前的交谈中，您说到现在的流程每月给公司造成大约 5000 美元的生产力损失。有什么改变吗？这个问题还不够大到要立马解决吗？"（请注意此处起作用的"考虑替代方案"策略。）

## 确信→补救

　　解决基于满意度的异议，最重要的因素是共情。站在客户的角度，认识到异议不仅仅关乎金钱，还关乎解决问题的感觉！所以你不仅需要提供具有商业利益的结果（价格、价值、商业理由），更重要的是提供精神支持来补救这种情况。这就是为什么大多数这类的异议都用销售人员的道歉来解决。不一定是故意为之，可能是因为操作问题或造成了困惑。

　　假设客户说："我朋友说，你给他们七折，给我的却是九折！我要和他们一样。"假设他们的朋友有更好的交易理由，你的目标将是通过创造定价和折扣的透明度来满足客户。与客户分享你的观点，比如其他客户是如何签订长期合同，购买更多产品，或参加销售会议以换取价格优惠的。如果客户担心与创业公司开展业务有风险，请承认他们的担忧，同时让他们知道，由于创业公司具有敏捷性，具备一流的服务，所以也获得了一批愿意与之保持合作的客户。

### 阻挠→制定战略

　　处理阻挠的异议不是不可能，但是既复杂又耗时，常常需要深思熟虑、有效的策略或反应。在解决它之前，你需要问自己：

"这值得吗？"你可能正与一个高权力、高权威的人，或是一个有阻挠思维的决策者打交道，你可能会觉得很难通过改变客户的观点来完成销售（或至少在合理时间内）。如果是这样，就趁机优雅退出，以免继续下去，浪费自己宝贵的时间。但是，如果这种情绪不合理或仅限于特定个人（或一小群人），你希望继续，尝试区分，要么解决，要么避免。

首先尽最大努力了解异议的根本原因，虽然不是在所有情况下都可行，但它会在很大程度上帮助你。例如，你了解到有异议的某人与其他供应商有密切的私人关系。或者你了解到，这家公司因为没有得到公司内部行政人员的支持，第一次尝试类似产品时失败了。根据你对当前处境的了解，你觉得异议不合理或无效，请指出这一点，同时确保你提供了必要的共情和情感支持，以免显得麻木不仁。

如果由于某种原因无法克服障碍，你可以尝试避免。例如，如果反对者固执己见或无论什么原因都无法被说服，你可以尝试用你对客户组织结构图的熟悉程度，争取其他友好利益相关者的支持，从内部将反对者边缘化。

# 打造你的组合：把它们放在一起

再强调一下，处理客户的异议时，几乎没有一击必胜之法。能够成功解决异议，让客户满意，需要两个人之间的对话。对话包括反复讨论，让多种想法、观点和策略迸发火花。在你写异议处理手册时，提前演练对话会非常有用。虽然是模拟，但练习会让你学会如何将这些策略与我们已介绍过的一些消息传递和调研策略相结合。

例如，我的客户为销售人员提供了一个在线平台，可以向他们的客户发送定制的视频消息（这是一种减少抽象化负面影响的好方法，在第六章有提及）。以下是销售员处理异议的对话：

**客户**："我喜欢贵产品的理念，但我不确定我们的团队会不会使用它。"

**销售员**："哦，不好意思……不确定您的团队是否会使用吗？"（镜像）

**客户**："是的，我只是不确定我们的员工是否愿意将自己的视频发送给客户。对他们来说面对镜头可能会很奇怪。"

**销售员**："嗯，我能理解您的感受。我们合作的客户，有很多刚开始都是这样的感受。最后却发现，在视频中他们的员工实际上比想象中要自然（用共情解决）。的确，5 年前，电话和电子邮件还是主要的沟通方式，视频不经常使用，所以人们不习惯视频（历史视角）。但如今人们在工作中使用视频更得心应手，因为他们在生活中频繁使用 FaceTime 等应用程序，而视频会议在工作中也更常见。"（满意的原因）

　　**客户**："我明白。我们的员工只是更多地使用电话和电子邮件拓展客户。"

　　**销售员**："这很常见。有趣的是，销售拓展随处可见，许多人讨厌接到电话，讨厌收到电子邮件，甚至懒得去读电子邮件中的一段文字（优势到劣势）。但他们观看一分钟视频却没有问题，因为他们已经喜欢在 YouTube 等网站上观看视频（消息：两极分化）。其实，这也是视频的点击率比普通电子邮件高出 7 倍的原因（消息：并列）。"

　　来看看这个关于优先级的异议怎么样。

　　**客户**："我真的很喜欢报名参加这些私教课，但我现在要做的事情太多了，我不确定自己能否做到。"

　　**销售员**："嘿，我完全明白。如果您不是百分之百投入，我绝不希望您报私教课。您看不见效果，对我们双方都没有好处（缓和叙述）。但通常，人们不确定是否可以投入时间、精力时，要么因为成本，要么因为日程安排。您（调研标签）会不会是其中之一呢？"

　　**客户**："嗯，成本绝对是一个因素。"

　　**销售员**："我明白了。就像所有的专业服务培训一样，肯定要花钱。我对此无能为力。但我想问问，没别的意思，如果是免费的呢？那您能不能投入时间呢（把未来变成过去）？"

　　**客户**："哈！好吧，那太好了，但我不确定能否抽出时间。"

　　**销售员**："我知道您这些天一定很忙。之前的交谈中您提到正准备参加铁人三项比赛，打算进行个人训练，想要达到最佳状态。如果您没有跟教练训练，您还可以如何准备（考虑替代方案）？"

　　**客户**："我不知道。"

　　**销售员**："嗯，我已经训练铁人三项很多年了，虽然让努力的运动员做好比赛准备，我从未失败过，但我知道这种计划并不适合所有人。如果您觉得这不是您想要的，完全不用担心。当您觉得时机成熟时，我很愿意与您再次对接（验证适合度）。"

　　**客户**：（思考）"好的。再给我说说，这个训练项目包括什么？"

　　如你所见，这些场景为顺利开展这些对话及构建所有对话模块有重大作用。我强烈建议在制定销售培训手册时采用类似的方法，就像我做的那样，标记各种策略，提高对它们的认识。

## 适应隐藏的异议

　　现在，你已看到处理异议需要现代销售员了解客户的功能需求、战略需求及情感需求。此外，练习用心倾听，根据客户的需求适时调整策略非常重要，因为许多异议听起来不像异议。当然，诸如"那太贵了"或"我认为你的产品没有效果"之类的陈述显然是教科书式的异议。但许多异议往往伪装成基本陈述，例如：

"在某公司的朋友打了七折。我也要这个折扣。"

"我不知道能否说服我的妻子在这上面花那么多钱。"

"我不知道我是否愿意签署一份三年的协议。"

"我想从免费试用开始。"

"我想和你的经理谈谈。"

通过倾听客户关心的问题、充分理解他们的意图、提出好的后续问题并选择最佳策略来处理异议，你将会为客户不断提供舒适感和满意度。

最后，分享一下本章开头故事的结局。故事提到一位愤怒的客户在被迫签约后问我的代表："你的年终是什么时候？"虽然客户的异议最终以愤怒告终，他让我们在 1 月给他打电话，以便确保年底定价，但我们意识到，这一异议与折扣无关。毕竟，我们已经给出了客户满意的价格——完全是为了满足客户才给出这样的价格。客户与我的销售员关系很好，但对这种策略感到背叛和不舒服。他需要道歉和同情来补救这种情况。

同一天，我亲自给客户打电话。我的目的是不讨论价格折扣问题，且表达必要的共情。毕竟，这不是反对的理由，而且我不希望它成为一个讨价还价的杠杆。我说："我只是想说很抱歉，我知道您一直喜欢和我们的销售员共事，他也如此。他是我们最优秀的员工，当然也无意向您施压。为了完成月销售额，我们一直在找机会达成协议，但最重要的是让您感到舒适，我们为帮助贵公司业务计划所做的努力而感到自豪。如果您想在这个月或下个月甚至是等到年底签订协议，都没问题。我们希望您在整个过程中舒适自在。您给出的价格非常好，这一点让我们很欣慰！无论您是现在还是将来订购，都是这个价格。给您带来困惑或挫折，我深表歉意，我们很乐意在您觉得合适的时候再与您合作。考虑一下您想要什么，然后告诉我们您什么时候方便。"

他们在一小时内回电，当天晚些时候签署了协议。

# 第八章

8

终章

　　我经常问"你认为最好的销售方法是什么"。就语境而言，销售方法就像销售人员的烹饪书。烹饪书常包含数十种单独的食谱，涵盖不同类型的膳食元素，如开胃菜、主菜和甜点。但烹饪书中的所有食谱都以相同主题分类。例如，意大利或中东等特定美食，或素食、低碳水化合物等特定类型的食物。销售方法也是如此。它们围绕一个中心主题集合而成——解决买卖双方之间核心互动类型的特定方法或风格，就像这本书中介绍的那样。

　　销售团队通常会根据他们的产品、服务和行业的性质或客户采用特定的方法。一些方法是某些公司独有的，其他的都是商业通用的。这些方法有助于在公司的销售过程中一以贯之，并促进团队成员间的交流。

　　但是，尽管我非常喜欢这里讲述的基于科学和共情的方法，但当被问及我最喜欢的销售方法时，我的立场始终保持不变。我没有，你也不应该有！

究其原因，想想看如果我让你做意式宽面会发生什么？假设你的厨艺不高，你可能会先试着找合适的食谱。你会到网上搜索，找到很多选择。一方面，你确定顶级食谱之一就是理想的选择，但你可能没有按原样执行所需的配料、厨房设备或技术。另一方面，在确定最终方法之前，你还想在不同网站查看食谱，以确定其来源和评论，确定储藏室中已有的配料，还有哪些配料可以获得，并确定哪些制作方法与你的烹饪风格一致，以及厨房设备是否匹配。无论你是用了一份食谱还是多个食谱，尽管你尽了最大努力，初次尝试也没啥问题，但效果就是不佳。不过，你会在整个过程中得到许多经验教训，无疑这会帮助你在下次制作菜肴时做得更好。

制作你的销售策略库也不例外。

销售是一种人际交往的实践。假设有数百个变量影响两个人一天内的互动方式，没有一种单一的策略或方法可以保证在所有情况下都有效。许多销售方法都倡导有价值的战术，然而，就像一个技术熟练但普通的厨师一样，新时代最高效的销售需要熟悉各种技术、风格和思想流派。只有这样，他们才能因地制宜选择正确的方法。

回顾我在第一章中讲到的顿悟，就是我在赛富时有一年经历的顿悟。销售超级杯大赛，来自销售人员的电话和电子邮件如无情洪水般泛滥。我对这些策略免疫，但这些策略又与我自己销售活动中推广的策略完全相同。我基本上要求我的团队用一份食谱和一组食材准备同一道菜，而不是鼓励他们更加注意如何应用策略和技巧。作为新时代销售员，我们都必须用心成长，学习销售技能，还要去感受客户的体验。毕竟，销售员买东西的频率和卖东西一样高！

最后，需要强调的是，在实践中执行这些策略时，知行差距还是真实存在的。你在本书中读到的所有内容都很容易理解，但这并不意味着你能以高水平的销售技巧、技能、语气和期望的结果来完成每一项内容。正如销售培训中，当学员们开始运用他们的新知识时，我告诉他们："糟糕透顶也没关系！"如果你检查每次销售互动的结果，反思你成功与否的原因，你获得的经验将有助于你找到新的途径。

这些途径能揭示销售矩阵的真实本质，帮助你避开教条主义的战术，帮助你成为具有影响力的新时代销售员，成为用科学和共情的原理执行这种令人难以置信的方法的销售员，成为了解客户头脑中有意识和无意识力量的销售员。

成为真正以自己买进的方式去卖出的销售员。